簡単・生地た

本格点心

市川　友茂

講談社

はじめに

私が香港で点心を学んでいた 36 年前、日本では、点心と言っても知られているのは、餃子・焼売・春巻きぐらいでした。時を経て、近年では人気の飲茶店や点心専門店がオープンし、行列もできるようになりました。そして、私が思う以上に点心を作りたい、学びたいという方が多いことに驚いています。社会情勢の変化により、家時間を楽しむ方が増える中、本格的に道具をそろえて粉から点心を作られる方が増えていることを知り、うれしく思います。

　ちょっと本格的に点心を作ってみたい！という方の、基本の生地ってどんなもの？ どうやってのばすの？ どうやって包むの？ といった声を聞き、この本では、プロセス写真だけでなく、手元を動画で見ていただけるようにしました。これまでは専門書を読むしかありませんでしたが、ご家庭でみなさんに挑戦していただける入口までやさしくしたのが、この本です。

　まずは、ひとつ点心を作られてみてください。1 つ、2 つと作っていくうちに、上達が楽しくなり、点心の魅力を感じることでしょう。そして種類の多さに驚かれることでしょう。甘いものから鹹い_{しおから}もの（塩味、しょうゆ味など）まで、さまざまな味付けがあり、飽きることはありません。いろいろな生地を知ることで、ご自身の食に対する見識や興味の幅が広がり、料理の引き出しも増えることでしょう。点心は料理と違い、成形しておけば、あとは蒸すだけ、揚げるだけ、焼くだけと、仕上げは簡単なのです。時間のあるときに楽しみながら、作られてはいかがでしょうか。
手作りの点心と、お気に入りの中国茶を飲みながら、素敵な時間をお過ごしいただけましたら幸いです。

市川友茂

この本の使い方

この本は生地ごとに chapter が別れています。

◆ chapterの概要のページ

chapter 内で紹介する生地で作れる点心の紹介

◆ 生地の作り方のページ

chapter 内で紹介する生地の基本的な作り方

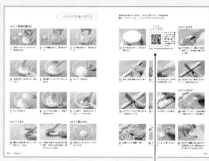

のばし方動画QRコード
わけ方、のばし方が動画でご覧いただけます

◆ レシピのページ　作り方の紹介

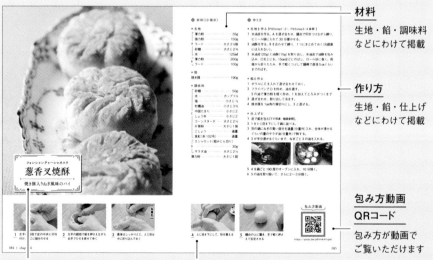

材料
生地・餡・調味料
などにわけて掲載

作り方
生地・餡・仕上げ
などにわけて掲載

包み方動画 QRコード
包み方が動画で
ご覧いただけます

メニューの名称
上段：読み方　中段：中国名
下段：日本名

包み方プロセス
包み方が写真で順番
に追っていけます

◆動画について　生地の作り方の中で特にわかりにくい所は「のばし方動画」、chapter2 ～ chapter6 のすべてのメニューは「包み方動画」がご覧いただけます。動画サイト(YouTube)に接続されます。なお、予告なく動画が変更・終了になる場合がございますので、予めご了承ください。

・スマートフォンをお持ちの方は、QR コードからご覧ください
・電子版をお読みの方は、URL をクリックしてご覧ください
・パソコンをご利用の方は、こちらのサイトからご覧ください
　https://k-editorial.jp/mov/tenshin

contents

chapter 1
包まない点心

chapter 2
一番シンプルな生地
〜水でこねる生地〜

chapter 3
餃子・焼売の生地
〜お湯でこねる生地〜

chapter 4
もちっとした生地
〜白玉粉を使う生地〜

装幀・デザイン／庭月野楓（モノストア）
撮影／嶋田礼奈（講談社写真部）
動画編集／久保紫苑（講談社写真部）
校閲／田村和子

この本で作る生地

この本では、chapter 2 から chapter 6 まで、5つの chapter で、全部で 10 の生地を作ります。
生地を作る基本の工程は

> 材料を混ぜる ▶ 生地をこねる ▶ 寝かせる ▶ 生地をわける ▶ のばす

というものですが、生地によって、工程が入れ替わったり、複雑になったりします。
また、 粉の種類　混ぜる材料　水でこねるかお湯でこねるか

によっても、扱い方が変わってきます。すべての生地のポイントを以下に示します。

chapter 2 ・ 水でこねる生地

水餃子の生地

[　　粉　　]
☑ 薄力粉　☑ 強力粉
☐ その他の粉（　　　）

[主な材料] 無し

[水の温度]
☑ 水　☐ ぬるま湯
☐ 熱湯

ワンタンの生地

[　　粉　　]
☑ 薄力粉　☑ 強力粉
☐ その他の粉（　　　）

[主な材料] 卵

[水の温度]
☑ 水　☐ ぬるま湯
☐ 熱湯

chapter 3 ・ お湯でこねる生地

焼売の生地

[　　粉　　]
☑ 薄力粉　☑ 強力粉
☐ その他の粉（　　　）

[主な材料] 卵

[水の温度]
☐ 水　☐ ぬるま湯　☑ 熱湯

焼き餃子の生地

[　　粉　　]
☑ 薄力粉　☑ 強力粉
☐ その他の粉（　　　）

[主な材料] ラード

[水の温度]
☐ 水　☐ ぬるま湯　☑ 熱湯

蒸し餃子の生地

[　　粉　　]
☐ 薄力粉　☐ 強力粉
☑ その他の粉（浮き粉、片栗粉）

[主な材料] ラード

[水の温度]
☐ 水　☐ ぬるま湯　☑ 熱湯

chapter 4 ・ 白玉粉を使う生地

もちっとした生地

[粉]
☐ 薄力粉　☐ 強力粉　☑ その他の粉 (白玉粉、浮き粉)

[主な材料] グラニュー糖、ラード

[水の温度] ☑ 水　☐ ぬるま湯　☑ 熱湯

chapter 5 ・ 発酵させる生地

パオズの生地

[粉]
☑ 薄力粉　☐ 強力粉　☐ その他の粉 (　　　)

[主な材料] イースト、ベーキングパウダー、ラードなど

[水の温度] ☑ 水 (牛乳)　☐ ぬるま湯　☐ 熱湯

chapter 6 ・ 油を使う生地

中国式パイ生地

[粉]
☑ 薄力粉
☑ 強力粉　☐ その他の粉 (　　　)

[主な材料] ラードなど

[水の温度]
☑ 水　☐ ぬるま湯　☐ 熱湯
※2種類の生地を別々にこねて、合わせて作る

西洋風パイ生地

[粉]
☑ 薄力粉　☑ 強力粉
☐ その他の粉 (　　　)

[主な材料]
☑ ラード、バターなど

[水の温度]
☑ 水　☐ ぬるま湯　☐ 熱湯
※2種類の生地を別々に
　こねて、合わせて作る

こしょう饅頭の生地

[粉]
☑ 薄力粉　☑ 強力粉
☐ その他の粉 (　　　)

[主な材料]
イースト、ベーキング
パウダー、ラードなど

[水の温度]
☐ 水　☑ ぬるま湯　☑ 熱湯
※3種類の生地を別々に
　こねて、合わせて作る

この本で使う道具

基本的には、鍋や包丁など普段台所で使う道具に、麺台と麺棒があれば、作れますが、より上手に作るために、あるとよい道具をご紹介します。

麺棒(小：左)、麺棒(大：右)

長さ30cm程度の小さな麺棒は、小回りがきくので、直径5〜8cmの生地をのばすのに、最適です。長さ50cm程度の大きな麺棒は、大きくのばす生地のときに使います。

竹ベラ

餡ヘラなどとも言われますが、点心の餡をすくったり、整えたりするのにあると便利です。スプーンなどでも代用できます。

カード(左3つ)、点心包丁(右)

表面を整えたり、印を付けたり、生地をのばしたり、生地をすくって移動させたり、さまざまな場面で登場します。点心包丁は本格派におすすめ。カードは1枚は持っていれば、毎日の料理シーンでも重宝します。

刷毛(大：左)、ゴムベラ(右)

大きな刷毛は、打ち粉など余分に付いた粉をはらうときに使います。ゴムベラは、餡や生地など材料を混ぜるときに使います。

刷毛(小：上)、型(その他のすべて)

刷毛は、主に表面に照りを出すために卵液を塗るときに使います。型は、本書で今回使うものは、15cm×15cmのセルクル型と、直径7cmのミニタルト型です。なければご家庭にある型に合わせて成形してもよいですし、タルト型がない場合は、小豆とりんごのパイ(P90)の成形法でも作れます。

chapter **1**

包まない点心

◈ 材料（直径 15cm 12 枚分）

```
┌ 全卵 ···· 120g(Lサイズ 2個)    薄力粉 ······················· 125g
│ 塩 ································ 小さじ ½   長ねぎ（みじん切り）········ 10g
A 砂糖 ················· 小さじ 1    万能ねぎ（みじん切り）···· 10g
│ サラダ油 ········· 大さじ 1 強   チリソース、炒め豆板醤など
└ 水 ················· カップ 1 ½   ································ 適宜
```

◈ 作り方

1 Aをボウルに合わせてよく混ぜる。
2 ボウルに薄力粉を入れて、1を少しずつ加えながらよく混ぜ合わせる。
3 2に長ねぎと万能ねぎを加え、冷蔵庫に 30 分ほど入れて生地をなじませておく。
4 フライパンを温め、サラダ油（分量外）をペーパータオルに染み込ませて、フライパンに薄く塗る。
5 火にかけて、両面を色よく焼き上げ、ソースを添える。

1 薄力粉をボウルに入れ、よく混ぜた A を少しずつ加え、

2 よく混ぜ合わせる

3 みじん切りにした長ねぎと万能ねぎを用意し、

4 生地に加えて混ぜ、30 分冷蔵庫でなじませる

5 薄く油を塗ったフライパンに生地を入れ、

6 全体に広げて、両面焼き上げる

ヌオミィユェンヅシャオマイ

糯米圓子焼売

五穀米入りもち米焼売

❀ 材料（24個分）

もち米 ………………………………… 100g
五穀米 ………………………………… 15g

◆ 餡
豚肩ロース肉 ………………………… 150g
むきえび ……………………………… 150g
干ししいたけ（水で戻したもの） ………… 20g
玉ねぎ ………………………………… 100g
干し貝柱粉 …………………………… 大さじ1

◆ 調味料
片栗粉 ………………………………… 20g

A
紹興酒 ………………………… 小さじ1
しょうゆ ……………………… 小さじ1弱
塩 ………………………………… 小さじ⅔
砂糖 …………………………… 小さじ2弱
こしょう ………………………………… 適量
練り胡麻 ……………………… 小さじ⅓
全卵 …………………… 20g（Sサイズ½個）
ねぎ油 ………………………… 小さじ2½
胡麻油 ………………………… 小さじ1強

◆ 食卓調味料
しょうゆ＋酢 ………………………… 適量
チリペースト ………………………… 適量
マスタード …………………………… 適量

❀ 作り方

1 もち米と五穀米はそれぞれ一晩水に浸けておく。翌日、一緒にざるにあげて、水気を切り、さらに布巾の上にあけておく。

2 豚肩ロースは粗みじんに切る。

3 むきえびは背わたを取り、ボウルに塩（分量外）、片栗粉（分量外）、少量の水を加え、臭みを取って水洗いし、ペーパータオルで水分をしっかり拭ってから、粗みじんに切る。

4 干ししいたけはみじん、玉ねぎは粗みじんに切り、片栗粉をまぶす。

5 2と3、干し貝柱粉をよく練って粘りを出し、Aを順に加えてさらに練り、4を加えて混ぜ合わせる。

6 5を24等分して丸め、1のもち米の上を転がして全体にもち米を付けて、形を整える。

7 蒸籠にクッキングペーパーを敷き、間隔を開けて並べ、15分蒸す。

1 もち米と五穀米を用意する

2 水に浸けたあとは、一緒にざるにあげる

3 餡は24等分にしてまるめる

4 餡をもち米の上で転がす

5 全体にもち米を付ける

6 形を整える

上手に蒸すコツ

点心は、焼く、揚げる、蒸す、さまざまな調理法が登場しますが、
中でも蒸す点心は、日本人にもなじみのある「飲茶」によく登場します。
蒸し方のコツを覚えると、市販の点心を蒸すときにも上手に蒸して
おいしく食べることができるので、ぜひおさえておきましょう。

大中小、さまざまなサイズの蒸籠。ペーパーは専用のもの以外に、クッキングシートや、キャベツやレタスの葉でも代用可能

(右上から時計回りに)蒸し器、蒸し台、折りたたみ式蒸し台

鍋を使う場合、ふたの間にさらしを置くことで、水滴が落ちるのを防げる

◇ 蒸籠で蒸す場合

蒸籠の魅力は、ほんのり木の香りがすることと、そのまま食卓に出せるので、手間いらずで、本場の雰囲気を演出できることです。

さらに、料理が成功しやすいという利点もあります。蒸すときに一番大切なことは、食材に水滴が落ちないようにすること。蒸籠は木が水分をある程度吸収してくれるので、鍋で蒸すより水滴が落ちにくくなります。また、専用のペーパーを敷くことで、食材が蒸籠にくっ付いたり、水分でべたっとするのを防げます。スーパーやネット販売などで購入できます。

◇ 蒸し器、または 鍋で蒸す場合

蒸し器でももちろん、点心を作ることができます。

また、蒸し台など、パーツを購入するだけで、ふつうの鍋でも蒸すことができます。

その場合、鍋とふたの間にさらしを置いて、水滴が食材に落ちないようにすると、上手に蒸すことができます。

chapter 2

一番シンプルな生地

・ 水でこねる生地 ・

水でこねる生地でできるもの

小麦粉のたんぱく質と水で、網目状のグルテンが形成される
ため、弾力と粘りのある生地ができます。よくのびるので、
薄くのばすこともでき、歯ごたえのある麺類なども作られま
す。包む点心では、水餃子、ワンタンなどが代表です。

水餃子の生地の作り方

水餃子の生地は順番通りに作れば、難しいことはありません。誰でも挑戦できる生地です。こねたら、まず生地をわけてから個別にのばします。

step 1 ▶ 材料を混ぜる

1 薄力粉＋強力粉、塩、水を用意する

2 材料を合わせてヘラなどで混ぜる。ここである程度練っておくと、こねる際に手が汚れない

step 2 ▶ こねる

3 麺台に出し、手の付け根に力を入れて、中へ入れ込んで押し出すようにして練る

step 3 ▶ 寝かせる

4 ひとまとまりにし、ビニール袋などに入れて、1時間ほど寝かせる

step 4 ▶ わける

5 生地を棒状にのばす。最初は中央部を細くし、左右も徐々に細くしてゆく

6 端まで同じ分量になるように、指で押して、平らにしておく

7 カットするため、点心包丁やナイフなどで、等分になるように印を付ける

8 ナイフで輪切りにカットする

9 断面を上に向け、打ち粉をしておく

step 5 ▶ のばす

10 親指の付け根のやわらかい部分を使って、

11 生地を押して、薄くまるく、平らにする

12 利き手で麺棒を持ち、逆の手で生地を回しながら、直径5cmに成形する【P65 動画参照】

ワンタンの生地の作り方

水餃子の生地とほとんど同じ作り方です。異なる点は、材料に卵が入ることと、全体をのばしてから1つずつにわけることです。

step 1 ▸ 材料を混ぜる

1 薄力粉＋強力粉、卵、塩、水を用意する

2 材料を合わせてヘラなどで混ぜる。ここである程度練っておくと、こねる際に手が汚れない

step 2 ▸ こねる

3 麺台に出し、手の付け根に力を入れて、中へ入れ込んで押し出すようにして練る

step 3 ▸ 寝かせる

4 ひとまとまりにし、ビニール袋などに入れて、1時間ほど寝かせる

step 4 ▸ のばす

5 打ち粉をして、生地を麺棒でのばす。最初は中央部を薄くし、上下も徐々に薄くしてゆく

6 打ち粉をしながら手で表面を整える

7 間に打ち粉をしながら麺棒に巻き付けて全体を押して、薄くする

8 7を何度かくり返し、厚さ1mmほどになるまで生地をのばす

9 全体に打ち粉をして、手のひらで表面を整える

step 5 ▸ わける

10 麺棒に巻き付けて、中央部分に包丁でしっかり切れ目を入れる

11 10の切れ目から、生地が開くと、長方形の生地が数枚できる

12 6つの三角形ができるように、斜めに包丁を入れて、生地をカットする

🏵 材料（40 個分）

◆ 生地
薄力粉	150g
強力粉	50g
塩	小さじ ⅓
水	カップ ½

※色を付ける場合、水のかわりに野菜ジュースを使うか、水は分量通りで市販の色粉を使う

◆ 餡
豚肩ロース肉	100g
豚ばら肉	100g
万能ねぎ（粗みじん切り）	60g
しょうが（みじん切り）	10g

◆ 調味料
A 塩	小さじ ⅓
紹興酒	大さじ 1
しょうゆ	小さじ 2½
こしょう	適量
水	大さじ 2
胡麻油	小さじ 2½
ねぎ油	小さじ 2½

◆ 食卓調味料
酢：しょうゆ：胡麻油（1:2:1で混ぜる）	適量
にんにく（みじん切り）	適量

🏵 作り方

◆ 生地を作る【P18 参照】
1 薄力粉と強力粉を合わせてボウルにふるい入れる。
2 水に塩を加えて溶かし、1のボウルに加えてよく練る。
3 1つにまとめてビニール袋などに入れ、約1時間寝かせる。
4 生地を棒状にのばし、40 等分にして麺棒でのばす。

◆ 餡を作る
1 豚肉はみじん切りにしてボウルに入れ、A を加えながらしっかりと練る。
2 1に万能ねぎ、しょうが、胡麻油とねぎ油を加えて全体を練らずに混ぜ合わせ、約1時間冷蔵庫でなじませる。

◆ 仕上げ
1 皮で餡を包む【下の写真・動画参照】。
2 たっぷりの熱湯で餃子をゆでる。
3 食卓調味料の材料を混ぜる。

1 皮の中央に餡をのせる

2 下の端を持ち上げ、二つ折りするように上の端にくっ付ける

3 両手の親指で、ぎゅっと力を入れてとじる

【水餃子形】

4 接着部には、自然なしわができて、下半分がふっくらする

包み方動画

https://youtu.be/TcCLyY2qKMk

ヂァーシェンシャユントゥン

炸鮮蝦雲呑

揚げワンタン

1 皮の三角形の角が下にくるように手にのせ、中央に餡をのせる

2 下の端を持ち上げ、二つ折りするようにして上にくっ付ける

3 左端から、小さくひだを寄せていく

⊕ 材料（30 個分）

◆ 生地

薄力粉	100g
強力粉	50g
塩	小さじ ½
水	カップ ¼
全卵	40g（S 1 個）

◆ 餡

豚ばら肉	100g
むきえび	100g
春菊	60g
きくらげ（水で戻したもの）	10g
鰹節（できれば本枯節）	適量
万能ねぎ（みじん切り）	10g
しょうが（みじん切り）	5g

◆ 調味料

A	塩	小さじ ½
	しょうゆ	小さじ 1⅔
	牡蠣油	小さじ 1 弱
	こしょう	適量
	溶き卵	30g（L ½ 個分）
B	片栗粉	小さじ 1½
	胡麻油・ねぎ油	各小さじ 1 強

◆ 食卓調味料

塩	適量
砂糖	大さじ 3⅓
酢	大さじ 2
しょうゆ	小さじ ⅔
トマトケチャップ	大さじ 1⅔
水	カップ ½
にんにく（みじん切り）	適量
水溶き片栗粉	適量

⊕ 作り方

◆ 生地を作る【 P19 参照 】

1 薄力粉と強力粉を合わせてボウルにふるい入れる。

2 水に塩を加えて溶かしたもの、卵を溶いたものを 1 のボウルに加えてよく練る。

3 1 つにまとめてビニール袋などに入れ、約 1 時間寝かせる。

4 麺棒を使って 3 の生地をのばし、30 等分にする。

◆ 餡を作る

1 豚肉は粗みじんに切る。

2 むきえびは背わたを取り、ボウルに塩（分量外）、片栗粉（分量外）、少量の水を加え、臭みを取って水洗いし、ペーパータオルで水分をしっかり拭ってから、粗みじんに切る。

3 春菊はさっとゆでて粗みじんに切る。

4 きくらげは細切りにする。

5 ボウルに 1、2 を入れ、A を加えて粘りが出るまで練り、万能ねぎ、しょうがを加える。

6 5 に 3、4、鰹節、B を入れて混ぜ合わせ、冷蔵庫に 30 分ほど入れて餡を締める。

◆ 仕上げる

1 皮で餡を包む【下の写真・動画参照】。

2 160 ～ 180℃の油で揚げ、油分をしっかりと切る。

3 食卓調味料の材料をすべて混ぜて甘酢ソースを作る。

包み方動画

https://youtu.be/pTQkYqaf1wU

4 右端までひだを寄せる

5 ひだの部分をぎゅっと押さえる

【雲呑形】

6 接着部には、自然なしわができて、下半分がふっくらする

餡のバリエーション　水餃子

水餃子を作るとき、同じ餡では飽きてしまう！
という方のために、バリエーションをご紹介しましょう。
40個分の餡は、350gほどになります。そこから100gほど取って、
新たな素材を混ぜれば、味の異なる2種類の餡を半分ずつ作ることができます。

▼ 豆もやし餡

⊕ 材料（約20個分）

水餃子の餡 ………… 100g
豆もやし ……………… 50g

⊕ 作り方

1 豆もやしは6分ほどゆでて、
　ざるにあげてそのまま冷ま
　し、粗みじんに切る。
2 1を水餃子の餡に混ぜる。

▲ 豆腐とチーズ餡

⊕ 材料（約20個分）　　⊕ 作り方

水餃子の餡 …… 100g　　1 木綿豆腐は布巾に包んで
木綿豆腐 ……… 50g　　　　水切りする。チーズは粗
とろけるチーズ ‥ 15g　　　めに切る。
　　　　　　　　　　　　2 1と水餃子の餡を混ぜる。

◀ トマトと炒り卵餡

⊕ 材料（約20個分）　　⊕ 作り方

水餃子の餡 …… 100g　　1 湯むきしたトマトの種を
トマト …………… 50g　　　取り除き、5mm角に切る。
炒り卵 ………… 25g　　2 1と炒り卵を水餃子の餡
　　　　　　　　　　　　　に混ぜる。

chapter 3

餃子・焼売の生地

・お湯でこねる生地・

小麦粉を熱湯で練って作る焼き餃子、にら饅頭

お湯でこねる生地でできるもの

熱湯で練るとデンプンが糊化して、グルテンの形成が抑えられ、やわらかく口
どけのよい生地になります。包む点心では、小麦粉を熱湯で練ると焼き餃子や
にら饅頭、小麦粉を熱湯と卵で練ると焼売、小麦粉のでんぷんで作られる浮き
粉と片栗粉を熱湯で練ると蒸し餃子の生地になります。

浮き粉と片栗粉を熱湯で練って作る蒸し餃子

小麦粉を熱湯と卵で練って作る焼売

焼き餃子、にら饅頭の生地の作り方

step 1 ▸ 材料を混ぜる

1 分量の粉に、熱湯を注ぎ入れる

2 麺棒で混ぜる(熱いのでやけどをしないように注意)

3 塩を加える

4 ラードを加える

5 生地がまとまるまで混ぜる

step 2 ▸ こねる

6 カードなどを使って、生地を麺台に出す

7 手の付け根の部分を生地に押し付けるようにし、

8 前に押し出すようにしてこねる(右足を前に出しふみ込むようにこねると楽にできる)

step 3 ▸ 寝かせる

9 よく練って、表面がつるりとしたら、生地をまとめて、30分ほど寝かせる

step 4 ▸ わける

10 棒状にして、中心から細くのばしてゆく

11 徐々に左右も細くのばしてゆく

12 端がまるくならないように、指で押して平らにしておく

水餃子の生地の作り方と流れは同じです。異なる点は、水ではなくお湯で練ることと、
ごく少量のラードが入ること。油分が入ることで生地が滑らかになります。

13 等分になるように、作る個数に合わせて点心包丁などで印を付ける

14 ナイフなどで、印に合わせてカットする

15 カットしながら、できるだけ断面を上に向ける

step 5 ▸ のばす

16 全体に打ち粉をする

17 まるくなるように、形を整える

18 手のひらの親指の付け根の部分を使って、上から押さえ、

19 できるだけまるくなるように形を整える

20 麺棒を使って薄くのばしていく

21 利き手で麺棒を持ち、逆の手で生地を回しながら、生地をのばす【P65 動画参照】

22 中心から外側にのばすようなイメージで、押すときに力を入れ、引くときは力を抜く

23 打ち粉をしながら何度かくり返す

24 餃子は直径8cm、にら饅頭は直径 10cmになれば、できあがり

グォティエ

鍋貼

◀ ------------------------------ ▶

焼き餃子

1 糊を付けた皮にヘラで餡をしっかりのせて、包み込むようにする

2 親指と人差指で端を閉じ、押し込んでできたひだをつまむ

3 2をくり返す

⊛ 材料(32個分)

◆ 生地
薄力粉 ················· 150g
強力粉 ················· 50g
熱湯 ··················· 130㎖
塩 ·················· 小さじ ½
ラード ·············· 小さじ1強

◆ 餡
豚ばら粗びき肉 ·········· 150g
白菜 ··················· 120g
キャベツ ··············· 200g
にら ··················· 50g
┌ 万能ねぎ(みじん切り) ··········· 20g
A しょうが(みじん切り) ··········· 10g
└ にんにく(みじん切り) ··········· 5g

◆ 調味料
┌ 日本酒 ·············· 小さじ2
B しょうゆ ·············· 小さじ2½
└ 田舎みそ ············ 大さじ ½強
┌ こしょう ·············· 適量
C ねぎ油 ·············· 大さじ2
└ 胡麻油 ·············· 大さじ1

◆ その他(糊：混ぜておく)
薄力粉 ················· 20g
水 ·················· カップ4

◆ 食卓調味料
柚子こしょう、七味唐辛子、粒マスタード、
牡蠣油、塩＋レモン汁　など ·········· 適宜

⊛ 作り方

◆ 生地を作る【P28-29 参照】
1 薄力粉、強力粉に熱湯を加えて混ぜ、塩、ラードを加えてさらに混ぜる。
2 よく練り、生地がまとまったら30分寝かせる。
3 生地を32等分にして、直径8㎝の円形にのばす。

◆ 餡を作る
1 白菜とキャベツは粗みじんに切り、塩小さじ⅔(分量外)を振ってビニール袋に入れて20分ほどおき、水けを絞る。
2 にらは小口切りにして、熱したフライパンにサラダ油(分量外)を入れてさっと炒め、冷ましておく。
3 ボウルで肉を白っぽくなるまで練り、Bを加えてよく練り、Aを加えてさらに練る。
4 3に1、2、Cを加えて混ぜ合わせ、冷蔵庫で冷やして餡を締める。

◆ 仕上げる
1 皮で餡を包む【下の写真・動画参照】。
2 フライパンにサラダ油(分量外)を引いて1を並べ、⅓ぐらいかぶるまで水を入れてふたをし、火にかける。水がなくなれば、ふたを取り、油を少量かけて焼き色を付け、器に盛る。

4 端から端に向かってひだを寄せる

【焼き餃子形】
5 15回ほどくり返して、全体を閉じる

包み方動画
https://youtu.be/w5-wKiooEhk

031

ションヂェンヂュウツァイビン

生煎韮菜餅

にら饅頭

1 皮の中央に餡をしっかりとの
せ、親指で餡を押さえる

2 左手で回しながら、右手の親指
と人差指で、ひだを寄せる

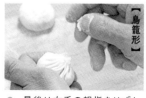

【鳥籠形】

3 最後は左手の親指をはずし、
しっかり閉じて先をねじり切る

◆ 生地
薄力粉 ……………………………………… 75g
強力粉 ……………………………………… 25g
熱湯 ………………………………………… 65 ㎖
塩 ……………………………………… 小さじ ¼
ラード ……………………………… 小さじ ½強

◆ 餡
にら ………………………………………… 70g
むきえび …………………………………… 80g
豚ばら肉 …………………………………… 80g
干ししいたけ(水で戻したもの) ………… 30g
しょうが(みじん切り) …………………… 2g

◆ 調味料
塩 ……………………………………… 小さじ ⅓
砂糖 …………………………………… 小さじ 1
こしょう …………………………………… 適量
しょうゆ ……………………………… 小さじ ½
片栗粉 ………………………………… 小さじ ⅔
ねぎ油 ………………………………… 小さじ 1
胡麻油 ………………………………… 小さじ 1

◆ その他
卵白 ………………………………………… 適量
白胡麻(むき胡麻) ………………………… 適量

◆ 食卓調味料
しょうゆ+酢、チリペースト、マスタード
など ………………………………………… 適宜

⊕ 作り方

◆ 生地を作る【 P28-29 参照 】
1 薄力粉、強力粉に熱湯を加えて混ぜ、塩、ラードを加えてさらに混ぜる。
2 よく練り、生地がまとまったら 30 分寝かせる。
3 生地を 12 等分にして、直径 10㎝の円形にのばす。

◆ 餡を作る
1 にらは粗みじんに切り、フライパンにサラダ油(分量外)を引いてさっと炒め、冷ましておく。
2 むきえびは背わたを取り、ボウルに塩(分量外)、片栗粉(分量外)、少量の水を加え、臭みを取って水洗いし、ペーパータオルで水分をしっかり拭っておく。
3 むきえび、豚肉、しいたけを粗みじんに切る。
4 3 としょうがをボウルで練り、すべての調味料と 1 を加えて混ぜ合わせる。

◆ 仕上げる
1 皮で餡を包み、表面に卵白を塗り、胡麻をまぶす【下の写真・動画参照】。
2 蒸し器または蒸籠で、胡麻をのせた面を上にして 7〜8 分蒸す。
3 フライパンにサラダ油(分量外)を引いて、両面きつね色になるまで焼く。

包み方動画

https://youtu.be/qmwbs2WyJeY

4 麺台の上で回して形を整える

5 手のひらを使って、上から軽く押さえて、平らにする

6 卵白を塗って、白胡麻をまぶす

《 焼売の生地の作り方 》

step 1 ▸ 材料を混ぜる

1 強力粉と薄力粉を合わせてふるい、塩を加える

2 熱湯を加える

3 手早く混ぜる

4 熱湯が全体と混ざったら、

5 卵黄を加える

6 ある程度麺棒で混ぜたら、手で生地をまとめる

step 2 ▸ こねる

7 麺台に出して、手の付け根の部分を生地に押し付けるようにして、

8 前に押し出すようにしてこねる

step 3 ▸ 寝かせる

9 よく練って、表面がつるりとしたら、生地をまとめて、30分ほど寝かせる

step 4 ▸ わける

10 棒状にして、中心から細くのばす

11 徐々に左右も細くのばしてゆく（餃子より薄くのばすため、餃子より細く仕上げる）

12 端がまるくならないように、指で押して平らにしておく（打ち粉はコーンスターチを使う）

焼き餃子の生地の作り方と流れは同じです。異なる点は、卵が入ることです。
中国料理では、焼売の生地は黄色味が鮮やかなほど、魅力的とされています。

13 等分になるように、作る個数に合わせて点心包丁などで印を付ける

14 ナイフなどで、印に合わせてカットする（打ち粉をすると印が見やすくなる）

15 できるだけ生地をつぶさないように、カットする

step 5 ▸ のばす

16 断面を上にして、全体に打ち粉をする

17 まるくなるように、形を整える

18 手のひらの親指の付け根の部分を使って、上から押さえる

19 できるだけまるくなるように形を整える

20 麺棒を使って薄くのばしていく。打ち粉をしながら何度かくり返し、直径 5cmほどにのばす

21 利き手で麺棒を持ち、逆の手で生地を回しながら、生地をのばす【P65 動画参照】

22 中心から外側にのばすようなイメージで、押すときに力を入れ、引くときは力を抜く

23 生地の間に打ち粉をして、数枚重ね、両手で回転させながらさらに薄くする

24 ひと回り大きくなるくらいまで続け、直径 6cmくらいになったら、できあがり

1 生地の中央に、餡をのせ、ヘラ
を使ってしっかり押し込む

2 左手の親指を回して筒を持つよ
うに、持ちかえる

3 左手で焼売を反時計回りに回し
ながらぎゅっと絞る

◆ 生地

強力粉 ……………………………	10g
薄力粉 ……………………………	60g
塩 …………………………………	適量
熱湯 ………………………………	25㎖
卵黄 ………………………	20g(1個分)
コーンスターチ(打ち粉) ………	適量

◆ 餡

豚肩ロース肉 ……………………	150g
むきえび …………………………	150 g
干ししいたけ(水で戻したもの) ………	20g
玉ねぎ ……………………………	120g
干し貝柱粉 ………………………	大さじ1

◆ 調味料

片栗粉 ……………………………	20g

┌ 紹興酒 ………………………	小さじ1
│ しょうゆ ……………………	小さじ1弱
│ 塩 ……………………………	小さじ⅔
│ 砂糖 …………………………	小さじ2弱
A こしょう ……………………	適量
│ 練り胡麻 ……………………	小さじ⅓
│ 全卵 ………………………	30g(L½個)
│ ねぎ油 ………………………	大さじ1弱
└ 胡麻油 ………………………	小さじ1強

◆ その他

そぼろ卵 …………………………	適量

※ボウルに卵黄、塩、酒少々を加え、湯せんにかけ、箸
を使って混ぜながらそぼろ状にする

◆ 食卓調味料

しょうゆ+酢、チリペースト、マスタード
など ………………………………………… 適宜

⊕ 作り方

◆ 生地を作る【P34-35 参照】

1 強力粉と薄力粉を合わせ、塩、熱湯を入れて混
ぜ、卵黄を入れて練る。

2 よくこねたら、30 分ほど寝かせる。

3 24 等分にして、コーンスターチを打ち粉にし
て麺棒で直径5㎝くらいまでのばす。

4 3 を重ねてさらに大きくのばす。

◆ 餡を作る

1 豚肩ロースは粗みじんに切る。

2 むきえびは背わたを取り、ボウルに塩(分量外)、
片栗粉(分量外)、少量の水を加え、臭みを取っ
て水洗いし、ペーパータオルで水分をしっかり
拭ってから、粗みじんに切る。

3 干ししいたけはみじんに、玉ねぎは粗みじんに
切り、片栗粉をまぶす。

4 1、2、干し貝柱粉をボウルで粘りが出るまでよ
く練り、A を加えてさらに練り、3 を加えて混
ぜ合わせる。

◆ 仕上げる

1 皮で餡を包み、そぼろ卵を飾る【下の写真・動画
参照】。

2 蒸籠にペーパーを敷き、焼売を並べ、強火で
約8分蒸す。

包み方動画

https://youtu.be/kdY-dEdmRZk

4 上に飛び出した餡を、ヘラで押
さえながら形を整える

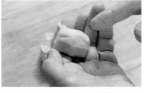

5 3 と 4 をくり返し、筒状になれ
ば、できあがり

【焼売形】

6 上に、そぼろ卵を飾る

チュイホアシャオマイ
菊花焼売

菊の花形焼売

1　生地の中央に餡をのせる

2　左手で餡を押さえつつ右手で端をつまんで花びらを作る

3　左手で反時計回りに回しながら、右手で花びらを作ってゆく

⊕ 材料（24 個分）

◆ 生地
強力粉	15g
薄力粉	90g
塩	適量
熱湯	37㎖
卵黄	30g（1½ 個）
コーンスターチ（打ち粉）	適量

◆ 餡
むきえび	170g
豚の背脂（なければラードなど）	40g
たけのこ水煮（ゆでて臭みを取ったもの）	50g
春菊（ゆでたもの）	50g

◆ 調味料
	片栗粉	大さじ 1 弱
	塩	小さじ ½
A	砂糖	小さじ 1 弱
	こしょう	適量
	しょうゆ	小さじ ⅓
	片栗粉	小さじ 1
	芝麻醤	適宜
	片栗粉	大さじ ½弱
B	ねぎ油	大さじ 1 弱
	胡麻油	小さじ 1 弱

◆ その他
むきえび	24尾
かにのほぐし身（なければかにかまなど）	適量
卵白（糊）	適量

◆ 食卓調味料
しょうゆ＋酢、チリペースト、マスタードなど	適宜

⊕ 作り方

◆ 生地を作る【 P34-35 参照 】
1 強力粉と薄力粉を合わせ、塩、熱湯を入れて混ぜ、卵黄を入れて練る。
2 よくこねたら、30 分ほど寝かせる。
3 24 等分にして、コーンスターチを打ち粉にして麺棒で 5 ㎝くらいまでのばす。
4 3 を重ねてさらに大きくのばす。

◆ 餡を作る
1 むきえびは背わたをとり、ボウルに塩（分量外）、片栗粉（分量外）、少量の水を加え、臭みを取って水洗いし、ペーパータオルで水分をしっかり拭っておく。包丁の腹で叩いて、粘りけを出してから粗みじんに切る。
2 豚の背脂はみじん切りにする。
3 たけのこは長さ 2㎝の細切り、春菊は粗みじんに切り、しっかり水けを絞り、片栗粉をまぶしておく。
4 ボウルに 1 を入れ、塩を加え、しっかり練って粘りを出し、2、3、A を加えて混ぜ、最後に B を加えて、冷蔵庫で 30 分ほど冷やして締める。

◆ 仕上げる
1 皮で餡を包む【下の写真・動画参照】。
2 蒸籠にペーパーを敷き、焼売を並べ、強火で約 10 分蒸す。

包み方動画

https://youtu.be/JLvwy5_u5NE

4 ねじって倒して、卵白を付け、隣の花びらと接着する

【菊花形】

5 全体が均一になるように、形を整える

6 えびとかにを上に飾る

スーシィシャオマイ

四喜焼売

四色飾り焼売

1 生地の中央に餡をのせる

2 四隅の生地を中央に集めて、しっかりとめる

3 菜箸などを使って、四つの隙間をほどよく広げる

◆ 生地

強力粉 ·······················	10g
薄力粉 ·······················	60g
塩 ···························	適量
熱湯 ·························	25㎖
卵黄 ·······················	20g(1個分)
コーンスターチ(打ち粉) ·········	適量

◆ 餡

豚肩ロース肉 ·················	150g
むきえび ·····················	150g
干ししいたけ(水で戻したもの) ·····	20g
玉ねぎ ·······················	100g
干し貝柱粉 ···················	大さじ1

◆ 調味料

片栗粉 ······················	20g
紹興酒 ·····················	小さじ1
しょうゆ ·····················	小さじ1弱
塩 ···························	小さじ⅔
砂糖 ·························	小さじ2弱
A こしょう ·····················	適量
練り胡麻 ·····················	小さじ⅓
全卵 ·······················	20g(S½個)
ねぎ油 ·······················	大さじ1弱
胡麻油 ·······················	小さじ1強

◆ その他

ロースハム(みじん切り)、しいたけ(みじん切り)、枝豆(みじん切り)、とびっこ ······ 各適量
卵白(糊) ····················· 適量

◆ 食卓調味料

しょうゆ＋酢、チリペースト、マスタードなど ····················· 適宜

⊕ 作り方

◆ 生地を作る【 P34-35参照 】

1 強力粉と薄力粉を合わせ、塩、熱湯を入れて混ぜ、卵黄を入れて練る。

2 よくこねたら、30分ほど寝かせる。

3 24等分にして、コーンスターチを打ち粉にして麺棒で直径5㎝くらいまでのばす。

4 3を重ねてさらに大きくのばす。

◆ 餡を作る

1 豚肩ロースは粗みじんに切る。

2 むきえびは背わたを取り、ボウルに塩(分量外)、片栗粉(分量外)、少量の水を加え、臭みを取って水洗いし、ペーパータオルで水分をしっかり拭ってから、粗みじんに切る。

3 干ししいたけはみじんに、玉ねぎは粗みじんに切り、片栗粉をまぶす。

4 1、2、干し貝柱粉をボウルで粘りが出るまでよく練り、Aを加えてさらに練り、3を加えて混ぜ合わせる。

◆ 仕上げる

1 皮で餡を包み、ハム、しいたけ、枝豆、とびっこを飾る【下の写真・動画参照】。

2 蒸籠にペーパーを敷き、焼売を並べ、強火で約15分蒸す。

包み方動画

https://youtu.be/Fdmo8jmvHK8

4 卵白で隣同士の壁を接着して、隙間をさらに広げる

【四喜形】

5 隙間が均等になるように、全体の形を整える

6 ハム、しいたけ、枝豆、とびっこを飾る

step 1 ▶ 材料を混ぜる

1 浮き粉、片栗粉(前半・後半にわける)、ラードを用意する。浮き粉と前半の片栗粉を混ぜる

2 湯せんにかけてボウルを温めながら、全体を混ぜ合わせる

3 熱湯を加える

緑色の翡翠餃子の場合

3-1 ほうれんそうを使う。水とほうれんそうをミキサーにかける

3-2 滑らかになるまでミキサーにかけたら、濾してかん水を加えて沸騰させる

3-3 3-2を熱いうちに生地に加えて手早く混ぜる。あとの工程は同じ

4 麺棒で全体を手早く混ぜる

5 ボウルを逆さにして生地を麺台に出す

6 後半の片栗粉を生地に加える

step 2 ▶ こねる

7 浮き粉はくっ付きやすいので、生地がある程度まとまるまでカードを使うとよい

8 麺台の上で、生地が滑らかになるまでこねる

9 手のひらの付け根の部分で押し出すようにする

焼き餃子の生地の作り方と流れは同じです。異なる点は、薄力粉と強力粉のかわりに浮き粉と片栗粉を使う点です。粉が変わるため、こね方、のばし方も変わります。

step 3 ▶ 寝かせる

10 生地に粘りが出てきたら、ラードを練り込むようにして、生地に加える

11 さらによく練って、生地を滑らかにする

12 よく練ったら、生地をまとめる

step 4 ▶ わける

13 浮き粉の生地は特に渇くとのばしにくくなるので、すぐにビニール袋に入れて30分寝かせる

14 生地を細くのばしたら、乾燥を防ぐため、全体をカットせず、使う分だけ手でちぎってわける

のばし方動画

https://youtu.be/RV_AmJSCk68

step 5 ▶ のばす

15 サラダ油を含ませたキッチンペーパーを傍らにおき、点心包丁を常に滑らかにしておく

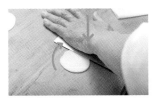

16 点心包丁の上から体重をかけて、押しながら弧を描くようにスライドさせ、直径8cmまでのばす

17 点心包丁を生地と麺台の間に滑り込ませて、生地をすくうようにして移動させる

15' 点心包丁がない場合は、ボウルを使うとよい。サラダ油でボウルの底を滑らかにしておく

16' ボウルの上から体重をかけて、押しながら弧を描くようにスライドさせ、直径8cmまでのばす

17' カードを生地と麺台の間に滑り込ませて、生地をすくうようにして移動させる

タンシュエイシェンシャーヂャオ

淡水鮮蝦餃

えび蒸し餃子

1 生地の中央に餡をのせ、二つ折りにする

2 左手の人差指の腹で皮を右に寄せてひだを作る

3 ひだが中央に集まるように包む

❀ 材料(24 個分)

◆ 生地

浮き粉	75g
片栗粉(前半)	18g
熱湯	140mℓ
片栗粉(後半)	18g
ラード	小さじ1弱

◆ 餡

むきえび	170g
豚の背脂(なければラードなど)	40g
たけのこ水煮(ゆでて臭みを取ったもの)	50g

◆ 調味料

片栗粉	小さじ1
塩	小さじ½
A ┌ 砂糖	小さじ1弱
│ こしょう	適量
│ しょうゆ	小さじ⅓
└ 芝麻醤	適宜
B ┌ ねぎ油	大さじ1弱
└ 胡麻油	小さじ1弱

◆ 食卓調味料

しょうゆ+酢、チリペースト、マスタード
など ………………………… 適宜

❀ 作り方

◆ 生地を作る【 P42-43 参照 】

1 浮き粉に前半の片栗粉を加え、湯せんにかけたボウルで混ぜ、熱湯を一気に加えて麺棒でかき混ぜる。

2 後半の片栗粉を1に混ぜ、麺台でカードを使いながら、滑らかになるまで練る。

3 生地に粘りが出たら、ラードを加え、さらによく練り、乾燥しないようにビニール袋に入れて30分寝かせる。

4 生地を棒状にのばし24分の1を取って丸めてつぶしておく。

5 サラダ油(分量外)を薄く塗った点心包丁の腹を生地の上に置き、弧を描くようにして、押しながら生地を直径8cmの円形にのばす。

◆ 餡を作る

1 むきえびは背わたをとり、ボウルに塩(分量外)、片栗粉(分量外)、少量の水を加え、臭みを取って水洗いし、ペーパータオルで水分をしっかり拭っておく。包丁の腹で叩いて、粘りけを出してから粗みじんに切る。

2 豚の背脂はみじん切りにする。

3 たけのこは長さ2cmの細切りに切り、しっかり水けを絞り、片栗粉をまぶしておく。

4 ボウルに1を入れ、塩を加え、しっかり練って粘りを出し、2、3、Aを加えて混ぜ、最後にBを加えて、冷蔵庫で30分ほど冷やして締める。

◆ 仕上げ

1 皮で餡を包む【下の写真・動画参照】。

2 蒸籠にペーパーを敷き、餃子を並べ、強火で約7〜8分蒸す。

4 閉じた部分を押さえてしっかり
  とめる

【櫛形】

5 とじた部分を立たせ、ひだが放
  射状になるように整える

包み方動画

https://youtu.be/6Qc1dyZD2Lo

1 生地の中央に餡をのせ、二つ折りにする

2 端をしっかり押さえて、接着面がとじているか確認する

3 接着面に波を寄せるように、ひだを寄せていく

◈ 材料(24 個分)

◆ 生地

A	┌ ほうれんそう(葉の部分)	30g
	└ 水	150㎖
かん水		2〜3滴
浮き粉		75g
片栗粉(前半)		15g
片栗粉(後半)		50g
ラード		小さじ1弱

◆ 餡

むきえび	170g
豚の背脂(なければラードなど)	40g
たけのこ水煮(ゆでて臭みを取ったもの)	50g
きくらげ(水で戻したもの)	5g
にら	40g

◆ 調味料

片栗粉		小さじ1
塩		小さじ½
A	┌ 砂糖	小さじ1弱
	│ こしょう	適量
	│ しょうゆ	小さじ⅓
	└ 芝麻醤	適宜
B	┌ ねぎ油	大さじ1弱
	└ 胡麻油	小さじ1弱

◆ 食卓調味料

しょうゆ+酢、チリペースト、マスタードなど
.... 適宜

◈ 作り方

◆ 生地を作る【 P42-43 参照 】

1 A をミキサーにかけ、鍋に濾し、かん水を加えて沸かす。

2 浮き粉に片栗粉(前半)を加え、湯せんにかけたボウルで混ぜ、1 を一気に加え麺棒で混ぜる。

3 後半の片栗粉を 2 に混ぜ、麺台でカードを使いながら、滑らかになるまで練る。

4 生地に粘りが出たら、ラードを加えて練り、ビニール袋に入れて 30 分寝かせる。

5 生地を棒状にのばし、24 分の 1 を取ってまるめてつぶしておく。

6 サラダ油(分量外)を薄く塗った点心包丁の腹を生地の上に置き、弧を描くようにして、押しながら生地を直径 8㎝の円形にのばす。

◆ 餡を作る

1 むきえびは背わたをとり、ボウルに塩(分量外)、片栗粉(分量外)、少量の水を加え、臭みを取って水洗いし、ペーパータオルで水分をしっかり拭っておく。包丁の腹で叩いて、粘りけを出してから粗みじんに切る。

2 豚の背脂はみじん切りにする。

3 たけのこは長さ 2㎝の細切り、きくらげは細切りにして、片栗粉をまぶしておく。

4 にらは粗みじんに切り、フライパンにサラダ油(分量外)を熱し、強火でさっと炒める。

5 ボウルに 1 を入れ、塩を加え、しっかり練って粘りを出し、2 〜 4、A を加えて混ぜ、最後に B を加えて、冷蔵庫で 30 分ほど冷やして締める。

◆ 仕上げ

1 皮で餡を包む【下の写真・動画参照】。

2 蒸籠にペーパーを敷き、餃子を並べ、強火で約6〜7分蒸す。

4 端から端まで終えたら、全体のひだを整える

鶏冠形

5 均一にひだが寄っていればできあがり

包み方動画

https://youtu.be/dQxNuSATsto

餡のバリエーション　蒸し焼売

基本の作り方を覚えれば、餡を変えてさまざまな味わいを楽しめます。
24個分の餡は、500gほどになります。そこから100gほど取って、
新たな素材を混ぜれば、味わいの異なる焼売を作ることができます。
100gずつ取って3種類作れば、4種の味を楽しむことができます。

▶ とうもろこしと枝豆入り焼売

✦ 材料(約8個分)

蒸し焼売の餡 … 100g
とうもろこし(缶詰)
　………………… 30g
枝豆 …………… 15g

✦ 作り方

1　枝豆はゆでて、実を
　さやから出しておく。
2　1ととうもろこしを蒸
　し焼売の餡に混ぜる。

◀ ピーナツ入りピリ辛焼売

✦ 材料(約8個分)

蒸し焼売の餡
　………………… 100g
ピーナツ ……… 10g
ザーサイ ……… 10g
パクチー ………… 4g
山椒粉・一味唐辛子
　………………… 適量

✦ 作り方

1　ザーサイとパクチー
　は粗みじんに切る。
2　ピーナツ、1、山椒粉・
　一味唐辛子を蒸し焼
　売の餡に混ぜる。

▶ 小柱と大葉入り焼売

✦ 材料(約8個分)

蒸し焼売の餡
　………………… 100g
冷凍小柱 ……… 20g
大葉 …………… 4枚

✦ 作り方

1　小柱は粗みじん、
　大葉は細く切る。
2　1を蒸し焼売の
　餡に混ぜる。

chapter 4

もちっとした生地

・ 白玉粉を使う生地 ・

白玉粉を使う生地でできるもの

胡麻団子、ココナツ団子など、日本でも人気の点心。白玉粉が入ることで、あのもちっとした食感になります。揚げると表面がカリッとして、蒸すと表面が滑らかになり、違った食感が楽しめます。

もちっとした生地の作り方

step 1 ▶ 材料を混ぜる

1 予め湯せんで温めておいた浮き
粉に、熱湯を一気に加える

2 熱いので手を使わず、ヘラなど
で手早く混ぜておく

3 白玉粉に水を加える

4 手で混ぜ合わせる

5 ボウルの中である程度練る

6 できるだけ白玉粉の粒が残らな
いように練る

7 白玉粉の粒がなくなったら、**2**
の浮き粉を加える

8 手でよく練る。グラニュー糖を
入れるとやわらかくなるので、
この時点では少し固めでもよい

9 **8**にグラニュー糖を加える

白玉粉の生地と言っても、厳密には、熱湯で練った浮き粉と、水で練った白玉粉を合わせて、
グラニュー等とラードを加えて作ります。油分の多い生地なので、ボウルの中で練ります。
麺台でのばさない分、比較的手軽にできます。

step 2 ▶ こねる

10 手でよく練る

11 ラードを加えて生地に混ぜ込む

12 さらによく練る。油分の多い生地なので、打ち粉は使わないため、ボウルの中で練ってもよい

step3 ▶ 寝かせる

13 カスタード餡入りココナツ団子の場合は生地の一部にマラスキーノチェリーで色を付ける

14 全体が均一に滑らかになったら、生地をひとまとめにして30分寝かせる。

step4 ▶ わける

step5 ▶ のばす

等分にわけたあと、手でまるめて
つぶしてそのまま餡を包む
【各ページの包み方動画参照】

ツェイピイマァチュウ

脆皮麻球

胡麻団子

⊕ 材料（22個分）

◆ 生地
浮き粉 ………………………………… 30g
熱湯 …………………………………… 45㎖
白玉粉 ………………………………… 150g
水 ……………………………………… 125㎖
グラニュー糖 ………………………… 70g
ラード ………………………………… 大さじ2強

◆ 餡
カスタード餡
（市販品または作る場合はP57参照）…… 120g
練り胡麻（黒） ……………………… 60g
ピーナッツバター …………………… 40g

◆ その他
白胡麻・黒胡麻 ……………………… 適量

⊕ 作り方

◆ 生地を作る【P52-53参照】
1 浮き粉をボウルに入れて湯せんにかけ、熱湯を一気に加えてヘラなどで混ぜる。
2 白玉粉をボウルに入れて、水を加えて練り、1の生地、グラニュー糖、ラードを加えて練る。
3 全体が均一になるまでこねたら、生地をまとめてビニール袋に入れ、冷蔵庫で30分寝かせる。
4 22個にわける。

◆ 餡を作る
1 材料を混ぜ合わせ、22個分にわける。

◆ 仕上げる
1 皮で餡を包み、胡麻をまぶす【下の写真・動画参照】。
2 フライパンにサラダ油（分量外）を入れ、160℃に加熱し、1をうっすら色づくまで揚げる。玉杓子で押さえるようにすると、中の空気が膨張して生地がのびて膨らむ。
3 油からあげたら、底がへこまないように網などの上で少し転がしてまるくする。

包み方動画

https://youtu.be/USlb0AtA5wg

1 まるく成形した生地をつぶして、中央部をへこませておく

2 餡を生地に置き、右手の親指で餡を押さえ左手でくるむ

3 左手で回しながら、徐々に餡を包んでゆく

4 包み終えたら、両手を使って、形を整える

5 いくつかできたら、まとめて胡麻を全体にまぶす

【団子形】

6 形を整える

1 白い生地に、ピンクの生地を少量混ぜ、全体をまるめる

2 つぶして、薄くのばし、中央をへこませるように成形する

3 生地にカスタード餡をのせる

⊕ 材料（22個分）

◆ 生地
浮き粉	30g
熱湯	45㎖
白玉粉	150g
水	125㎖
グラニュー糖	70g
ラード	大さじ2強

◆ 餡
┌ 砂糖	120g
│ カスタードパウダー	10g
│ 薄力粉	15g
A エバミルク	60g
│ コンデンスミルク	40g
│ コーンスターチ	10g
└ 卵	50g（M1個）
無塩バター	40g

◆ その他
ココナツファイン	適量
桜桃（マラスキーノチェリー：赤、緑）	
	各5個

⊕ 作り方

◆ 生地を作る【P52-53 参照】
1 浮き粉をボウルに入れて湯せんにかけ、熱湯を一気に加えてヘラなどで混ぜる。
2 白玉粉をボウルに入れて、水を加えて練り、1の生地、グラニュー糖、ラードを加えて練る。
3 全体が均一になるまでこねたら、少量の生地にみじん切りにした赤いマラスキーノチェリーを混ぜてピンクの生地を作る。
4 2種類の色の生地を別々にビニール袋に入れ、冷蔵庫で30分寝かせる。
5 それぞれ22個にわける。

◆ 餡を作る
1 ボウルにAを入れ、ダマにならないようによく混ぜ、溶かしたバターを加え、さらによく混ぜる。
2 バットに流し入れ、約10分強火で蒸す。
3 粗熱がとれたら、冷蔵庫に入れて締める。
4 22個分にわける。

◆ 仕上げる
1 皮で餡を包み成形する【下の写真・動画参照】。
2 蒸し器の中敷きに薄くサラダ油（分量外）を塗り、1を並べて強火で6〜7分蒸す。
3 熱いうちにココナツファインを全体にまぶす。

包み方動画

https://youtu.be/6kgAPt2c4HQ

4 左手でくるむようにして、回転させながら、餡を包む

5 桃の形に先を少しとがらせ、ヘラで、中央に筋を入れる

【桃形】

6 葉の形にカットした緑のマラスキーノチェリーを付ける

1 生地を楕円形にのばし、中央部をへこませて成形する

2 ヘラを使って餡を生地にのせる

3 二つ折りにする

◈ 材料(16 個分)

◆ 生地

浮き粉 ……………………… 30g
熱湯 ……………………… 45㎖
白玉粉 …………………… 150g
水 ………………………… 125㎖
グラニュー糖 ……………… 70g
ラード ………………… 大さじ2強

◆ 餡

A ┌ 豚ばら薄切り肉(粗みじん切り) ……… 150g
　│ 豚肩ロース薄切り肉(粗みじん切り)
　└ ……………………………… 150g

B ┌ 玉ねぎ(みじん切りにして片栗粉大さじ2を
　│ まぶす) ………………………… 100g
　│ 万能ねぎ(小口切り) ……………… 80g
　│ しょうが(みじん切り) …………… 10g
　└ 揚げにんにく ……………………… 5g

◆ 調味料

C ┌ 紹興酒 ………………… 大さじ1⅔
　│ しょうゆ ……………… 大さじ1強
　│ トマトケチャップ ……… 小さじ1⅔
　└ 牡蠣油 ………………… 大さじ1弱

D ┌ 黒粒こしょう …………… 小さじ1強
　└ 一味唐辛子 ……………… 小さじ ½

E ┌ 胡麻油 ………………… 大さじ1¼
　└ ねぎ油 ………………… 大さじ1¼

◆ その他

きな粉 …………………………… 適量
ピンクペッパー ………………… 16粒

◈ 作り方

◆ 生地を作る【 P52-53 参照 】

1 浮き粉をボウルに入れて湯せんにかけ、熱湯を一気に加えてヘラなどで混ぜる。

2 白玉粉をボウルに入れて、水を加えて練り、1の生地、グラニュー糖、ラードを加えて練る。

3 全体が均一になるまでこねたら、生地をまとめてビニール袋に入れ、冷蔵庫で30分寝かせる。

4 16個にわける。

◆ 餡を作る

1 ボウルに A、C を入れてしっかり練る。

2 1に、B、D を加えてさらに練り、最後に E を加える。

3 16等分にする。

◆ 仕上げる

1 皮で餡を包む【下の写真・動画参照】。

2 ペーパーを敷いた蒸し器に入れて中火で8分蒸す。

3 熱いうちにきな粉をまぶす。

4 端をつまんでしっかりととじる

【フットボール形】

5 フットボール形になればできあがり

包み方動画

https://youtu.be/rEfEdSs80pM

059

点心の定番の餡

この本ではさまざまなタイプの点心をご紹介していますが、
餡は、いくつかの定番のものに少しずつアレンジを加えています。
この本で紹介している代表的な4つの餡についてご紹介します。

◇ 焼売の餡

豚肩ロース肉とむきえびを1:1で使います。中国料理では、生しいたけはあまり使いません。干ししいたけを戻して使うことでしっかりと香りが出ます。

P12
五穀米入りもち米焼売

P36
蒸し焼売

P38
菊の花形焼売

P44
えび蒸し餃子

◇ えび餃子の餡

えびをメインに豚の背脂を使います。豚の背脂は、ロース肉の上部に付いている脂身で、市販されています。えびなど脂の少ないものに合わせるとコクが出ます。

◇ カレー風味の餡

鶏もも肉：豚肩ロース肉：むきえびを2:1:1で使い、カレー粉を混ぜます。西洋と東洋の文化が交差する香港点心には、カレー風味の点心が多いのも特徴です。

P68
カレーパオズ

P88
鶏肉餡入りカレーパイ

P58
ピリ辛肉餡入りきな粉餅

P94
こしょう饅頭

◇ ピリ辛餡

豚ばら肉：豚肩ロース肉を1:1で使います。ピリ辛味のもとは、黒こしょうと一味唐辛子です。

chapter 5

ふっくらした生地

発酵させる生地

発酵させる生地でできるもの

本場中国の点心は、「老麺」という麺種の天然酵母を使って発酵させますが、この本では、イーストを使います。生地で餡を包んだものはすべてパオズ（包子）ですが、餡、成形の仕方、仕上げの調理法によって、さまざまなバリエーションが楽しめます。

step 1 ▸ 材料を混ぜる

1　牛乳にドライイーストを入れて、混ぜ合わせる

2　1に砂糖を加えて、混ぜ合わせる

3　2に卵白を加えて、混ぜ合わせる

4　全体が均一になるように、混ぜておく

5　薄力粉にベーキングパウダーを加える

6　5にラードを加える

7　6に4を加える

8　ゴムベラなどを使って、全体を混ぜ合わせる

9　よく混ぜて、生地がまとまってきたら、1つにまとめる

step 2 ▸ こねる

10　麺台に生地を取り出して、打ち粉をして、こねる

11　水餃子や餃子の生地と同じ要領で、手のひらの付け根で、押すようにしてこねる

step 3 ▸ 寝かせる

12　生地をひとまとめにしてボウルに入れる

生地を作る流れやこね方は、これまでと同じです。この生地の特徴は、ドライイーストと、ベーキングパウダーが入ることです。

13 ぬれ布巾をかけて、30分ほど寝かせる

わけ方
のばし方動画

※カスタード餡と木の実の重ね蒸しと、焼き豚の巻き蒸しのstep 4〜5は包み方動画をご覧ください

https://youtu.be/NHJX8SFc7Ds

step 4 ▸ わける

14 打ち粉をして、麺台で生地を転がして、中心部から細くのばしてゆく

15 徐々に全体も細くのばしてゆく

16 端が平らになるように、左手の親指の付け根で押しておく

17 点心包丁などで等分になるように、生地に印を付ける

18 包丁やナイフなどで印に合わせて生地をカットする

19 断面を上に向けて、打ち粉をしておく

step 5 ▸ のばす

20 両手で1つずつ、生地を麺台で転がすようにして形を整える

21 生地の上に手を置き、押す

22 厚みがなくなって薄くなるようにつぶす

23 利き手で麺棒を持ち逆の手で生地を回しながら、直径8cm（きのこ形パオズは5cm）にのばす

1 生地の中央に餡をのせ、左手
の親指で押さえる

2 右手で生地の端にひだを寄せ
て、たたんでいく

3 一周たたむと、餡が見えなく
なっていく

⊕ 材料（12個分）

◆ 生地

A
┌ 牛乳 ……………………………………… 80g
│ ドライイースト ………………………… 小さじ1
│ 砂糖 …………………………………… 大さじ2強
└ 卵白 ………………………… 35g（M〜L1個分）

薄力粉 ……………………………………… 200g

B
┌ ベーキングパウダー …………… 小さじ2½
└ ラード ………………………………… 大さじ½

◆ 餡

C
┌ 豚肩ロース肉（粗みじん切り） 100g
│ 豚バラ肉（粗みじん切り） ………… 100g
└ 桜えび（粗みじん切り） ………………… 5g

D
┌ 白菜（みじん切り） …………………… 50g
│ ねぎ（みじん切り） …………………… 20g
└ しょうが（みじん切り） ………………… 5g

◆ 調味料

E
┌ 塩 ……………………………………… 小さじ½
│ 砂糖 …………………………………………… 適量
│ しょうゆ ………………………………… 小さじ1強
│ 紹興酒 …………………………………… 小さじ2
│ 牡蠣油 ………………………………… 小さじ1強
└ こしょう …………………………………… 適量

F
┌ 胡麻油 ………………………………… 小さじ1強
└ ねぎ油 ………………………………… 小さじ1強

◆ その他

G
┌ 万能ねぎ（みじん切り） ……………… 適量
└ 煎り胡麻 …………………………………… 適量

◆ 食卓調味料

しょうが（細切り） ……………………………… 適量

酢＋しょうゆ ……………………………………… 適量

⊕ 作り方

◆ 生地を作る【P64-65参照】

1 ボウルで A を混ぜる。

2 薄力粉に B と1を加え、よく混ぜ合わせる。

3 麺台でこねてひとまとめにし、ボウルに入れてぬれ布巾をかけて、30分寝かせる。

4 生地を12等分にして、麺棒で8cmほどの円形にのばす。

◆ 餡を作る

1 ボウルに C と E を入れて、しっかり練って粘りを出す。

2 1に D と F を加え、混ぜ合わせて、冷蔵庫に30分ほど入れて締める。

◆ 仕上げる

1 皮で餡を包む【下の写真・動画参照】。

2 サラダ油（分量外）を引いたフライパンにパオズを並べ、お湯を注いでふたをし、蒸し焼きにする。

3 水分がなくなってきたら、G を散らし、底がきつね色になるまで焼き上げる。

4 最後は、とじた所を上へのばすようにして接着する

【鳥籠形】

5 上部の突起を折り込んで、できあがり

包み方動画

https://youtu.be/7boxbHzEkcU

鶏肉包&咖喱包

ヂィロウパオ&ガーリーパオ

鶏肉入りパオズ&カレーパオズ

包み方動画

https://youtu.be/W-nc_7XDMp4

【麦穂形】

1 鳥籠形と同じように作り、最後をとめず、

2 つまんでひっぱるようにして、とじ、

3 穂のように長く成形する。

⊕ 材料（24個分）

◆ 生地

A
┌ 牛乳 ……………………………… 160g
│ ドライイースト ……………………… 小さじ2
│ 砂糖 ……………………………… 40g
└ 卵白 ……………………… 70g(M〜L2個)
薄力粉 ……………………………… 400g
B
┌ ベーキングパウダー ……………… 大さじ1⅔
└ ラード ……………………………… 大さじ1

◆ スープ醤

C
┌ グラニュー糖 ……………………… 小さじ1
│ 中華スープ ……………………… 75g
│ 牡蠣油 …………………………… 小さじ1強
│ コーンスターチ …………………… 小さじ2
│ 片栗粉 …………………………… 小さじ1強
│ 塩 ………………………………… 小さじ½
└ こしょう …………………………… 少々
D
┌ エシャロット(粗みじん切り) ……… 10g
└ サラダ油 ………………………… 大さじ1¼
薄力粉 ……………………………… 小さじ2弱

◆ 餡

E
┌ 鶏もも肉(1cm大に切る) ………… 120g
└ 豚肩ロース肉(1cm大に切る) …… 60g
F
┌ むきえび(1cm大に切る) ………… 60g
│ ロースハム(1cm大に切る) ……… 20g
│ 干ししいたけ(水で戻して1cm大に切る) …… 20g
│ 青梗菜(ゆでて1.5cm大に切る) …… 120g
│ 万能ねぎ(小口切り) …………… 10g
└ しょうが(粗みじん切り) ………… 10g

◆ 調味料

塩 ………………………………… 小さじ⅓
G
┌ 砂糖 ……………………………… 小さじ1強
│ 牡蠣油 …………………………… 小さじ1⅔
│ こしょう …………………………… 適量
│ 片栗粉 …………………………… 大さじ2強
│ ねぎ油 …………………………… 大さじ1⅔
└ 胡麻油 …………………………… 小さじ2½
H
┌ XO醤 ……………………………… 小さじ2½
└ カレー粉 ………………………… 適量

⊕ 作り方

◆ 生地を作る【P64-65参照】
1 ボウルでAを混ぜる。
2 薄力粉にBと1を加え、よく混ぜ合わせる。
3 麺台でこねてひとまとめにし、ボウルに入れてぬれ布巾をかけて、30分寝かせる。
4 24等分にして、麺棒で直径8cmにのばす。

◆ スープ醤を作る
1 Cをボウルに合わせておく。
2 フライパンでDを熱し、香りが出れば油を濾す。
3 2の油と薄力粉を炒め、1を加え、とろみが出たら、しっかり練ってバットに取り出す。

◆ 餡を作る
1 ボウルにEと塩を加えて粘りが出るまでしっかり練り、FとGを加えて混ぜ合わせる。
2 1にスープ醤を加え、ざっくり混ぜ合わせて半分にわける。
3 2の半分にHを加えて混ぜ合わせ、それぞれ冷蔵庫に入れて締める。

◆ 仕上げる
1 皮で餡を包む。12個ずつ麦の穂形と、木の葉形に包む【下の写真・動画参照】。
2 蒸し器に入れ、強火で約10分蒸す。

1 右端の中心を餡に押し込むようにしてひだを取る

2 両側をつまむようにして、接着していく

【木の葉形】

3 最後をしっかりとめる

シャングゥパオ

香菇包

きのこ形パオズ

1 生地の中央に餡をのせる

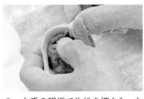

2 左手の親指で生地を押さえ、右手でひだを寄せてゆく

【鳥籠形】

3 最後はつまんで折りたたむ

⊕ 材料（16 個分）

◆ 生地

```
┌ 牛乳 ……………………………………… 80g
│ ドライイースト ……………………… 小さじ1
A 砂糖 …………………………………… 大さじ2強
└ 卵白 …………………… 35g（M〜L1個分）
薄力粉 ……………………………………… 200g
┌ ベーキングパウダー ………… 小さじ2½
B └ ラード …………………………………… 大さじ½
```

◆ 餡

```
┌ にんじん（粗みじん切り） …………… 10g
C 鶏もも肉（粗みじん切り） …………… 70g
└ むきえび（粗みじん切り） …………… 30g
バター ……………………………………… 10g
┌ 玉ねぎ（みじん切り） ………………… 30g
D └ にんにく（みじん切り） ……………… 適量
┌ しめじ（粗みじん切り） ……………… 30g
│ 干ししいたけ（粗みじん切り） ……… 15g
E エリンギ（粗みじん切り） …………… 30g
└ まいたけ（粗みじん切り） …………… 30g
```

◆ 調味料

```
┌ 日本酒 ………………………………… 小さじ2
│ 塩 ……………………………………… 小さじ½
│ 砂糖 …………………………………… 大さじ1強
F しょうゆ ……………………………… 小さじ1弱
│ こしょう ………………………………… 少々
│ 牡蠣油 ………………………………… 小さじ2½
└ 中華スープ ……………………………… 80g
水溶き片栗粉 …………………………………… 適量
胡麻油 ……………………………………… 少々
```

◆ その他

```
カカオパウダー ………………………………… 適量
```

⊕ 作り方

◆ 生地を作る【P64-65 参照】

1 ボウルで **A** を混ぜる。
2 薄力粉に **B** と **1** を加え、よく混ぜ合わせる。
3 麺台でこねてひとまとめにし、ボウルに入れてぬれ布巾をかけて、30 分寝かせる。
4 生地を70g 取り出し、きのこの軸用にする。
5 残りを 16 等分にして、麺棒で直径5㎝ほどの円形にのばす。

◆ 餡を作る

1 鍋にお湯をわかし、**C** をさっと湯通しする。
2 フライパンにバターを熱して **D** を炒め、**1** を加え、さらに **E** を加えて炒める。
3 **2** に **F** を加え、煮汁が少なくなれば、水溶き片栗粉を加えてしっかりとろみを付け、胡麻油を加える。
4 **3** をバットに取り出して冷ます。

◆ 仕上げる

1 皮で餡を包む【下の写真・動画参照】。
2 乾燥しないように 20 〜 30 分ほどおいて、中火で7〜8分蒸す。
3 きのこの軸用に取り出しておいた生地は、細くのばして 16 等分にしておく。
4 **2** のパオズに下に、**3** を 1 つずつ貼り付けて、中火で4〜5分蒸す。

4 とじめを下にして、上から手のひらで押さえて平たくする

5 蒸籠にのせて霧吹きをしてからカカオパウダーをふる

包み方動画

https://youtu.be/8FenxjTsdE8

1 型の大きさに合わせて4枚生地
をナイフでカットする

2 4枚のうち3枚にフォークで穴
をあけておく

3 型に穴をあけた生地を敷き、餡
を隅まで均等に入れる

⊕ 材料(15cm× 15cm 1個分)

◆ 生地

```
   ┌ 牛乳 ……………………………………… 80g
   │ ドライイースト ………………………… 小さじ1
A  │ 砂糖 …………………………………… 大さじ2強
   └ 卵白 …………………………… 35g(M～L1個分)
   薄力粉 ………………………………………… 200g
   ┌ ベーキングパウダー ………………… 小さじ2½
B  └ ラード ………………………………… 大さじ½
```

◆ 餡

```
   ┌ 砂糖 ………………………………………… 120g
   │ カスタードパウダー …………………………… 10g
   │ 薄力粉 ……………………………………… 15g
C  │ エバミルク ………………………………… 60g
   │ コンデンスミルク ……………………… 40g
   │ コーンスターチ …………………………… 10g
   └ 卵 …………………………………… 50g(M1個)
   無塩バター ………………………………………… 40g
   ┌ ミックスナッツ(粗く切る) …………… 60g
   │ かぼちゃの種 ……………………………… 20g
   │ レーズン ………………………………… 30g
   │ ドライクランベリー(レーズン大に切る)
   │ …………………………………………… 30g
D  │ ドライパイナップル(レーズン大に切る)
   │ …………………………………………… 30g
   └ オレンジピール(レーズン大に切る) … 30g
```

◆ その他

15cm× 15cmのセルクル型

⊕ 作り方

◆ 生地を作る【 P64-65 参照 】

1 ボウルで A を混ぜる。

2 薄力粉に B と 1 を加え、よく混ぜ合わせる。

3 麺台でこねてひとまとめにし、ボウルに入れて
ぬれ布巾をかけて、30 分寝かせる。

◆ 餡を作る

1 ボウルに C を入れ、ダマにならないようによく
混ぜ、溶かしたバターを加え、さらによく混ぜる。

2 バットに流し入れ、約 10 分強火で蒸す。

3 粗熱がとれたら、冷蔵庫に入れて締める。

4 D を合わせて三等分にしておく。3 も三等分に
しておく。

◆ 仕上げる

1 生地を 2mm厚さにのばし、15cm× 15cmの正方形
を 4 枚作り、そのうち 3 枚にフォークで穴をあけて
おき、成形する【下の写真・動画参照】。

2 型ごと蒸し器に入れて、強火で 20 分蒸す。

3 しっかり冷めたら、型からはずして一口大に切る。

包み方動画

https://youtu.be/hYwAisqmZpU

4 さらに穴をあけた生地を重ね、餡
を入れる。これを 3 段重ねる

5 一番上の生地は、点心包丁や
カードで格子模様を入れる

【重ね蒸し】

6 全体を押さえて安定させる

チャーシャオルオスーヂュアン

叉焼螺絲捲

焼き豚の巻き蒸し

✿ 材料(10 個分)

◆ 生地

A	牛乳	80g
	ドライイースト	小さじ1
	砂糖	大さじ2強
	卵白	35g(M〜L1個分)
薄力粉		200g
B	ベーキングパウダー	小さじ2½
	ラード	大さじ⅓

◆ 焼き豚

豚肩ロース肉(厚さ2cmに切る)		500g
C	グラニュー糖	150g
	塩	小さじ4強
	甜面醤	小さじ3½
	にんにく油	小さじ4弱
	はまなす酒(なければ料理酒)	小さじ½強
	五香粉(なければナツメグかチリペッパー)	適量
	水	適量
	色粉(赤102号)	適量

✿ 作り方

◆ 焼き豚を作る

1 豚肉は 40℃ほどのぬるま湯(分量外)に 2 分ほど浸けて、脂身をやわらかくしておく。

2 C を混ぜて漬け込み液を作り、1 が温かいうちに 40 分ほど浸ける(それ以上浸けると味が塩辛くなるので注意)。

3 230℃のオーブンで約 15 〜 20 分焼く。

4 焼きあがったらすぐに切らず(すぐに切ると肉汁が出てしまうため)、しばらく置いて、厚さ 7 〜 8mm、長さ 4 〜 5cmほどの棒状に切る。

◆ 生地を作る【P64-65 参照 】

1 ボウルで A を混ぜる。

2 薄力粉に B と 1 を加え、よく混ぜ合わせる。

3 麺台でこねてひとまとめにし、ボウルに入れてぬれ布巾をかけて、30 分寝かせる。

◆ 仕上げる

1 生地を人差指くらいの太さにのばして 20 等分し、2 本 1 組でらせん状に巻き、さらに、焼き豚 2 本をセットにして巻く【下の写真・動画参照】。

2 蒸し器に入れて強火で約 10 分蒸す。

1 のばしても戻る生地なので、できるだけ細くのばす

2 ナイフや包丁を使って 20 等分にカットする

3 2 本 1 組にして、それぞれをさらに細く、同じ長さにのばす

4 3 をらせん状に巻き、両端を押さえてねじってしっかりとめる

【螺旋巻き】

5 焼き豚を 2 本 1 組にして、4 でらせん状に巻く

包み方動画

https://youtu.be/-x8OJY5kdkg

点心の定番つけだれ①

それぞれのレシピに、食卓調味料をご紹介してきましたが、
このページと 96 ページでは、水餃子、焼き餃子、焼売、蒸し餃子、
パオズなど、どれにでも合う定番のつけだれをご紹介します。

▶ ねぎ油ソース

蒸し鶏や、魚介類などにも合う万能ソース。
材料を混ぜるだけでできます。

✿ 材料

ねぎ（みじん切り）
………… 大さじ 4
酢 …………… 小さじ 1
しょうゆ …… 小さじ 1½

胡麻油 ……… 小さじ ½
中華スープ ‥ 大さじ 1½
ピーナツ油 …… 大さじ 1

◀ 三合油ソース
（サンホーヨウ）

しょうゆ、黒酢、胡麻油を 2:1:1
で混ぜる中華の定番ソース。さっ
ぱりした味わいで、サラダのドレッ
シングがわりにもなります。

✿ 材料

しょうゆ …… 50g
黒酢 ………… 25g
胡麻油 ……… 25g

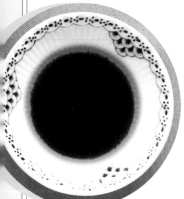

▶ 炒め豆板醤

米油と豆板醤をフライパン
でゆっくりと炒め、全体に
赤くなってきたら、火を止
めて、牡蠣油を加えます。

✿ 材料

米油 …………… 50g
豆板醤 ………… 50g
牡蠣油 …… 大さじ 1

◀ ココナツソース

酢じょうゆに粗みじんにしたコ
コナツファインを混ぜるだけ。
ココナツの甘い香りが、肉汁たっ
ぷりの点心によく合います。

✿ 材料

ココナツファイン（粗みじん切り） …………… 50g
しょうゆ ……………………………………… 50g
米酢 ………………………………………… 25g

chapter 6

サクッとした生地

・油を使う生地・

油を使う生地でできるもの

この生地の特徴は、サクッとした食感の層ができることです。3つのタイプにわけて
ご紹介しますが、どの生地も、水油皮（シュエイヨウピー）＝粉と水と油でこねる生
地と、油酥（ヨウソウ）＝粉と油の生地の2つを混ぜて1つの生地にして作ります。

中国式パイ生地。ラードを使った油酥で作ります。
中国茶の風味によく合う味わい。中国式パイ生地
は、基本的には揚げて仕上げます。

西洋風パイ生地。ラードだけでなくバターが入っているため、風味豊かで、口当たりがよい。西洋風パイ生地は、オーブンで焼いて仕上げます。

台湾の屋台で人気のこしょう饅頭。水油皮は chapter 5 の発酵生地で、油酥は中国式パイ生地と同じラードを使った生地です。本場ではタンドーリ窯で焼きますが、高温のオーブンで焼くことでサクッとした焼き上がりになります。

《 中国式パイ生地の作り方 》

step 1 ▸ 水油皮(シェイヨウピー)を作る

1 薄力粉、強力粉、ラード、砂糖、塩、水を混ぜる

2 1つにまとまれば、麺台に出して、叩くようにして、麺台に生地が付かなくなるまで練る

3 ビニール袋に入れて、室温で30分ほど寝かせる

step 2 ▸ 油酥(ヨウソウ)を作る

4 薄力粉とラードを混ぜ合わせる

5 ひとまとめにして、室温におく(3と同じ温度にするため冷蔵庫には入れない)

6 水油皮(手前)と油酥(奥)を麺台に取り出す

step 3 ▸ 水油皮と油酥を合わせる

7 水油皮を手で押して平らにのばす

8 平らにのばした水油皮の上に油酥をのせる

9 水油皮で油酥を包み込み、最後は手でつまむようにして軽くとじる

step 4 ▸ のばして折り込む

10 9の生地を麺台の上で、手で押して平らにする

11 麺棒を使って、トントンと叩くようにして、さらに平らにする

12 全体の厚さが均一になるように調整しながら、25cm×75cmほどの長方形になるようのばす

水油皮(粉と水と油でこねる生地)と、油酥(粉と油の生地)を別々に作り、水油皮で油酥を包み込んで合わせます。折ってのばす作業をくり返し、最後は巻いて仕上げます。強力粉が多いとしっかりした生地に、薄力粉が多いと口の中でホロホロと崩れる生地になります。

焼き豚入りねぎ風味のパイは、step3 から 19 個に分け、1 枚ずつ成形します(P85 ◆ 生地を作る 3 参照)。

13 生地を三つ折りにするため、麺棒で折り目を 2 か所印を付ける

14 上から ⅓ を中心に向かって折り込む

15 刷毛などを使って、打ち粉をできるだけ取り除くとよい

16 下からら ⅓ も中心に向かって折り込み、生地がまとまるよう手で押さえておく

17 16 に麺棒をトントンと叩くようにして、平らにのばす

18 17 を 90 度回転させて 25㎝×75㎝ほどまでのばしたら、麺棒で三つ折りの印を付ける

step 5 ▸ のばして巻く

19 三つ折りにしたら、生地がまとまるよう、軽く手でおさえる

20 19 を 90 度回転させて、25㎝×75㎝ほどまでのばしたら、上下の端を薄くしておく

21 刷毛で粉をはらい、霧吹きを使って生地を湿らせる

22 薄くした下の端を立ち上げて、巻き込む

23 全体をロール状に巻いてゆく

24 巻き終わったら、巻き終わりを下にしてラップで包み、冷凍庫で冷凍する

ルオボスゥヂャオ

蘿蔔酥角

大根餡入り揚げパイ

1 半解凍のまま等分に印を付けて、ナイフなどでカットする

2 断面を上にして、手で押して平らにつぶす

3 麺棒を使って直径5cmぐらいになるまでのばす

⊕ 材料(24個分)

◆ 生地

A
┌ 薄力粉 ·············· 180g
│ 強力粉 ·············· 60g
│ ラード ·············· 大さ3⅓
│ 砂糖 ·············· 大さじ3⅓
│ 塩 ·············· 小さじ½
└ 水 ·············· 150㎖

B
┌ 薄力粉 ·············· 200g
└ ラード ·············· 100g

◆ 餡

大根(長さ2～3㎝の細切り) ·············· 200g
砂糖 ·············· 大さじ1⅔

C
┌ ロースハム(粗みじん切り) ·············· 20g
└ 豚ひき肉 ·············· 80g
万能ねぎ(みじん切り) ·············· 30g

◆ 調味料

ねぎ油 ·············· 大さじ1⅔

D
┌ 紹興酒 ·············· 小さじ2
│ 塩 ·············· 小さじ⅓
│ しょうゆ ·············· 小さじ1⅔
│ 牡蠣油 ·············· 小さじ1弱
└ こしょう ·············· 適量
水溶き片栗粉 ·············· 適量
胡麻油 ·············· 小さじ1強

◆ その他

溶き卵(接着用) ·············· 適量
胡麻(飾り用) ·············· 適量

⊕ 作り方

◆ 生地を作る【P80-81参照】

1 水油皮を作る。**A**を混ぜ合わせ、麺台で叩き付けながら練り、ビニール袋に入れて30分寝かせる。

2 油酥を作る。**B**を合わせて練り、1つにまとめておく(冷蔵庫には入れない)。

3 水油皮と油酥を合わせる。**1**で**2**を包み込み、口をとじる。

4 のばして三つ折りにする。90度回転してのばして三つ折りにする。合計2回三つ折りをする。

5 生地をのばして、端からロール状に巻き、冷凍庫で凍らせておく。

6 半解凍で、24個分になるよう印を付け、包丁やナイフでカットする。麺棒で直径5㎝くらいまでのばす【下の写真・動画参照】。

◆ 餡を作る

1 ボウルに大根と砂糖を入れて混ぜ合わせ、30分ほど置く。

2 フライパンにねぎ油を熱し、**1**と**C**を入れて炒め合わせる。

3 **2**に**D**を加えて味を調え、万能ねぎを加えて炒め合わせ、水溶き片栗粉で全体をまとめ、胡麻油で香りを付け、取り出して冷ます。

◆ 仕上げる

1 皮で餡を包み、胡麻を付ける【下の写真・動画参照】。

2 網の上に包んだパイをのせて、165℃くらいの油に入れて色よく揚げる。

包み方動画

https://youtu.be/BLHfjnUoseU

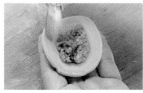

4 皮の中央に餡をのせ、半円に接着用の卵を塗る

【眉形】

5 皮を半分にたたみ、端をしっかりととじて、内側に折りたたむ

6 最後はしっかりととめて、溶き卵を付けて胡麻を飾る

ツォンシャンチャーシャオスウ

葱香叉焼酥

焼き豚入りねぎ風味のパイ

1 左手の親指で皮の中央に印を
付け、そこに餡をのせる

2 左手の親指で餡を押さえながら
右手でひだを寄せてゆく

【鳥籠形】

3 最後はしっかりとじ、とじ目は
中に折り込んでおく

⊕ 材料（19個分）

◆ 生地

A	薄力粉	35g
	強力粉	150g
	ラード	大さ3⅓強
	砂糖	大さじ2⅔
	水	125㎖
B	薄力粉	200g
	ラード	100g

◆ 餡

焼き豚 ………………… 190g

◆ 調味料

C	砂糖	50g
	水	カップ1½
	塩	小さじ⅓
	牡蠣油	小さじ3⅔
	中国たまり	小さじ2
	しょうゆ	小さじ2
	コーンスターチ	大さじ2½
	片栗粉	大さじ1強
	こしょう	適量
	食紅(赤102号)	適量
D	エシャロット(粗みじん切り)	30g
	サラダ油	大さじ2½
	薄力粉	大さじ1弱

⊕ 作り方

◆ 生地を作る【P80step1-2、P93step3-4 参照】

1 水油皮を作る。**A** を混ぜ合わせ、麺台で叩きつけながら練り、ビニール袋に入れて30分寝かせる。
2 油酥を作る。**B** を合わせて練り、1つにまとめておく(冷蔵庫には入れない)。
3 水油皮と油酥を19個にわけて、1個ずつ作業する。水油皮で油酥を包み込み、口をとじる。15cmほどにのばし、ロール状に巻く。両端から折りたたみ、手で軽くつぶして麺棒で直径5cmくらいまでのばす【P93 動画参照】。

◆ 餡を作る

1 ボウルに **C** を入れて混ぜ合わせておく。
2 フライパンで **D** を炒め、油を漉す。
3 2の油で薄力粉を軽く炒め、1を加えてとろみが付くまで混ぜ合わせ、取り出して冷ます。
4 焼き豚を1cm角の薄切りにし、3と混ぜる。

◆ 仕上げる

1 皮で餡を包む【下の写真・動画参照】。
2 1をとじ目を下にして鍋に並べる。
3 別の鍋にねぎの青い部分を適量(分量外)入れ、全体が浸かるぐらいの量のサラダ油(分量外)で熱する。
4 2が半分浸かるぐらいまで、ねぎごと3の油を入れる。

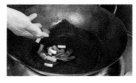 

5 4を鍋ごと190度のオーブンに入れ、10分焼く。
6 5の油を取り除いて、さらに2〜3分焼く。

4 とじ目を下にして、形を整える

5 麺台の上に置き、手で軽く押さえて安定させる

包み方動画
https://youtu.be/p6V4A4Yrqml

《 西洋風パイ生地の作り方 》

step 1 ▸ 油酥を作る

1 ボウルの中でバターとラードを練って混ぜ合わせる

2 分量の薄力粉を加えてさらに練る

3 バットにシートを敷き、**2**を入れ、カードなどで全体を均一にし、冷蔵庫で1時間寝かせる

step 2 ▸ 水油皮を作る

4 水油皮の材料を混ぜ合わせる

5 麺台に叩き付けて粘りを出し、ひとまとめにしてビニール袋に入れ、冷蔵庫で1時間寝かせる

6 麺棒を使って、水油皮を油酥と同じくらいの大きさになるまでのばす

step 3 ▸ 水油皮と油酥を合わせる

7 できるだけ四隅がぴったり合うように注意しながら、油酥の上に水油皮をのせる

8 バットをひっくり返して、水油皮と油酥を麺台に出す

9 底に敷いていた、シートをはずす

step 4 ▸ のばして折り込む

10 油酥が固いため、麺棒で叩きながら、2倍の大きさにのばす

11 二つ折りにするため、生地の中央に麺棒で印を付け、二つ折りにする

12 折りたたんだ生地の端に、刷毛などを使って、水(卵白でもよい)を塗る

油酥には、ラードだけでなくバターを入れます。そこが中国式パイ生地との違いです。油酥を先に作り、水油皮と油酥を折り込んで1つにして、折ってのばす作業をくり返して仕上げます。

13 端をしっかりととじて、油酥を水油皮の中にとじ込める

14 麺棒を使ってのばす。油酥が溶けてしまうと美しい層ができないため、手早く行う

15 14の3倍ほどの大きさまでのばしたら、三つ折りにするため、麺棒で折り目の印を付ける

16 上下を中央に折り込んで、生地を三つ折りにする

17 16を90度回転させて、再び3倍の大きさになるまで手早くのばす

18 再び三つ折りにする

19 生地に気泡があると、美しい層にならないため、竹串などで取り除いておくとよい

step 5 ▶ 寝かせる

20 ここで約1時間冷蔵庫に入れて生地を休ませる

step 6 ▶ のばして折り込む

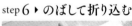

21 3倍にのばして三つ折りをしたら90度回転させ、4倍にのばす

22 四つ折りにするため、左右両脇から折りたたむ

23 霧吹きを使って、生地を湿らせておく

24 最後に二つ折りにしたら、余分な粉を落として、ラップで包んで冷蔵庫で寝かせる

ガーリーディロウピー

咖喱鶏肉批

鶏肉餡入りカレーパイ

包み方動画

https://youtu.be/UVtH3gByO_U

1 冷蔵庫から出したばかりの生地は固いので叩きながらのばす

2 全体が 5mmほどの厚さに均等にのびたら、型抜きをする

3 抜き終わった生地は、2 番生地として使用する

4 生地を型に入れ、右手の親指の爪を立てて底に沿わせていく

【タルト形】

5 型の壁をつかむように、回しながら型の壁に沿わせていく

6 うずら、餡、トマトの順に詰め、ココナツファインを飾る

⊕ 材料（12個分）

◆ 生地

```
 ┌ バター ················· 120g
A│ ラード ················· 120g
 └ 薄力粉 ················ 150g
 ┌ 薄力粉 ················ 100g
 │ 強力粉 ················· 25g
 │ カスタードパウダー ····· 大さじ1
 │ グラニュー糖 ······· 小さじ1½
B│ 塩 ···················· 小さじ⅙
 │ 全卵 ········· 20g（S½個）
 │ 水 ···················· 60㎖
 └ 油酥（Aから取る）········· 15g
```

◆ スープ醤

```
 ┌ グラニュー糖 ········ 小さじ½
 │ 中華スープ ············· 37g
 │ 牡蠣油 ·············· 小さじ½
C│ コーンスターチ ······ 小さじ1
 │ 片栗粉 ·············· 小さじ½
 │ 塩 ·················· 小さじ¼
 └ こしょう ················ 少々
 ┌ エシャロット（粗みじん切り）
D│ ····················· 5g
 └ サラダ油 ··········· 小さじ2
 薄力粉 ················ 小さじ1
```

◆ 餡

```
 ┌ 鶏もも肉（1cm大に切る）···· 60g
E│ 豚肩ロース肉（1cm大に切る）
 └ ····················· 30g
 ┌ むきえび（1cm大に切る）· 30g
 │ ロースハム（1cm大に切る）·· 10g
 │ 干ししいたけ（水で戻し 1cm
 │ 大に切る）············· 10g
 │ 青梗菜（ゆでて 1.5cm大に切る）
F│ ····················· 60g
 │ 万能ねぎ（小口切り）······· 5g
 │ しょうが（粗みじん切り）···· 5g
 │ 牛乳 ·················· 80g
 └ ココナツファイン ········ 10g
 うずら卵（ゆでる）········· 6個
```

◆ 調味料

```
 塩 ··················· 小さじ⅙
 ┌ 砂糖 ··············· 小さじ½
 │ 牡蠣油 ·········· 小さじ1弱
G│ こしょう ·············· 適量
 │ 片栗粉 ············· 大さじ1
```

```
 ┌ ねぎ油 ············· 小さじ2
 └ 胡麻油 ·········· 小さじ1¼
 ┌ XO醤 ·········· 小さじ1¼
H│ カレー粉 ············· 適量
```

◆ その他

ミニトマト（ざく切り）···· 6個　　ココナツファイン ·········· 適量

⊕ 作り方

◆ 生地を作る【P86-87 参照】

1 油酥を作る。A を混ぜ合わせ、シートを敷いたバットに入れて平らにし、1時間ほど冷蔵庫で冷やす。

2 水油皮を作る。B を混ぜ合わせ、麺台に叩き付けるようにして粘りを出す。ひとまとめにして1時間冷蔵庫で休ませる。

3 油酥と水油皮を合わせる。2 をのばして、1 の上にかぶせ、バットをひっくり返して麺台に出し、2倍にのばす。

4 油酥を内側にして二つ折りにし、3倍にのばして三つ折りにする。90度回転させて3倍にのばして三つ折りにして1時間冷蔵庫で休ませる。3倍にのばして三つ折りをあと1回（全部で3回）くり返し、4倍にのばして、両脇を折って四つ折りにし、90度回転させて二つ折りにする。

5 余分な打ち粉を落として、ラップで包んで冷蔵庫で寝かせる。

◆ スープ醤を作る

1 C をボウルに合わせておく。

2 フライパンで D を熱し、香りが出れば油を濾す。

3 2の油で薄力粉を炒め、1 を加え、とろみが出たら、しっかり練ってバットに取り出す。

◆ 餡を作る

1 ボウルに E と塩を加えて粘りが出るまでしっかり練り、F と G を加えて混ぜ合わせる。

2 1にスープ醤を加え、ざっくり混ぜ合わせる。

3 H を加えて混ぜ合わせ、冷蔵庫で締める。

◆ 仕上げる

1 生地をのばして型抜きし、タルト型で成形して餡をつめる【左の写真・動画参照】。

2 180℃〜200℃に温めたオーブンで 20 〜 30 分焼く。

3 パイ生地の層が開き、焼き色が付いたら、取り出し、粗熱がとれたら熱いうちに型からはずす。

豆沙蘋果批
ドゥシャーピングオピー

小豆とりんごのパイ

包み方動画

https://youtu.be/-qZsPe-PLxM

1 生地の周りに接着用の溶き卵を塗る

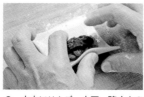

2 中央にりんご、小豆、陳皮をのせ、巻くようにして包む

3 包んだら端を指でしっかりととめ、さらにフォークで押さえる

【長方形】

⊕ 材料（10個分）

◆ 生地

※鶏肉入りカレーパイの
2番生地を使ってもよい

```
 ┌ バター ……………………… 120g
A│ ラード ……………………… 120g
 └ 薄力粉 ……………………… 150g
 ┌ 薄力粉 ……………………… 100g
 │ 強力粉 ……………………… 25g
 │ カスタードパウダー ………… 大さじ1
 │ グラニュー糖 …………… 小さじ1½
B│ 塩 ………………………… 小さじ⅙
 │ 全卵 ……………… 20g(S½個)
 │ 水 …………………………… 60mℓ
 └ 油酥(Aから取る) …………… 15g
```

◆ 餡

りんご(紅玉、サンフジなど)	………… 300g
無塩バター	…………………………… 20g
グラニュー糖	…………………………… 60g
シナモンパウダー	……………………… 適量
ゆで小豆(市販品)	……………………… 80g
陳皮(水で戻して白い部分を取り除く)	… 適量

◆ その他

溶き卵	………………… 全卵1個、卵黄1個
胡麻	……………………………………… 適量
シロップ(水と砂糖1:1)	……………… 適量

⊕ 作り方

◆ 生地を作る【P86-87 参照】

1 油酥を作る。Aを混ぜ合わせ、シートを敷いたバットに入れて平らにし、1時間ほど冷蔵庫で冷やす。

2 水油皮を作る。Bを混ぜ合わせ、麺台で叩き付けるようにして粘りを出す。ひとまとめにしてビニール袋に入れ、約1時間冷蔵庫で休ませる。

3 油酥と水油皮を合わせる。2をのばして、1の上にかぶせ、バットをひっくり返して麺台に出し、2倍にのばす。

4 油酥を内側にして二つ折りにし、3倍にのばして三つ折りにする。90度回転させて3倍にのばして三つ折りにする。これをあと1回(全部で3回)くり返し、4倍にのばして両脇を折って四つ折りにし、90度回転させて二つ折りにする。

5 余分な打ち粉を落として、ラップで包んで冷蔵庫で寝かせる。

◆ 餡を作る

1 りんごを1cm角に切る。

2 鍋にバター、りんごを入れて炒める。

3 りんごがバターを吸った状態になれば、グラニュー糖を加え、表面がキャラメル状になるまで炒め、色付いたら取り出す。冷めたらシナモンパウダーをふる。

4 陳皮をシロップ煮にし、冷めたらみじん切りにする。

◆ 仕上げる

1 冷蔵庫から出したばかりの生地は固いので叩きながらのばす。全体が5mmほどの厚さに均等にのびたら生地を10cm四方にカットする。

2 餡を包み、一度冷蔵庫に30分ほど入れて生地を締め、ナイフで表面に数か所切り込みを入れ、胡麻を付ける【下の写真・動画参照】。

3 180～200℃に熱したオーブンで20～30分焼いて、熱いうちにシロップを塗る。

4 表面に溶き卵を塗って、一度冷蔵庫で30分ほど寝かせる

5 冷蔵庫から出したら、ナイフで表面に切り込みを入れる

6 表面に胡麻を飾る

こしょう饅頭の生地の作り方

step 1 ▸ 油酥(ヨウソウ)を作る

1 ボウルの中で薄力粉とラードを混ぜ合わせる

2 よく練ってひとまとめにして30分ほど寝かせてから、16等分にしておく

step 2 ▸ 水油皮(シェイヨウピー)を作る

3 薄力粉と強力粉を合わせてふるい、砂糖、塩、イースト、ぬるま湯を合わせておく

水油皮(シェイヨウピー)①を作る

4 粉は、310gと80gにわけ、310gのほうに、ラードとベーキングパウダーを混ぜる

5 4の310gのほうに、3の砂糖、塩、イースト、ぬるま湯を混ぜたものを加える

6 全体を混ぜ合わせ、さらに練る

水油皮(シェイヨウピー)②を作る

7 もう一方の80gの粉に熱湯50mℓを加える

8 麺棒を使ってよく混ぜる(熱いのでやけどに注意)

9 全体がある程度混ざったら手で練る

水油皮(シェイヨウピー)①②を合わせる

10 麺台に出して、練る

11 6の生地に、10の生地をちぎって少しずつ追加する

12 ある程度まとまったら、カードを使って生地を麺台に出す

こしょう饅頭の生地も、水油皮と油酥で作りますが、水油皮は2種類の生地を別々に作り、1つに合わせるので全部で3つの生地を作ります。油酥と水油皮を合わせて、のばして巻いてたたむことで、生地に層を作ります。

13 とても手にくっ付きやすいので、カードを使いながら練る

14 麺台に叩きつけながら、滑らかになるまでよく練る

15 ある程度練ったら、一度ひとまとめにする

16 こねた直後はグルテンが落ちつかないため、ぬれ布巾をして30分ほど休ませる

17 手でちぎりにくい生地なので、はさみで16等分にカットする

18 16個分まるく成形する

のばし方動画

※生地に層を作るためののばし方です。

https://youtu.be/lCcdxRA9DbQ

step 3 ▶ 油酥と水油皮を合わせる

19 水油皮を平たくして、油酥を包み、最後はしっかりとじる

step 4 ▶ のばして折り込む

20 麺台の上で **19** を手で軽くつぶし、麺棒で縦に長く伸ばす

21 ロール状に巻く

22 両端から折りたたんで三つ折りにする

23 **22** を手で軽くつぶして、麺棒で直径8cm（焼き豚入りねぎ風味のパイは5cm）までのばす

フゥヂャオシャオピン

胡椒焼餅

こしょう饅頭

1 生地の中央に餡をのせる

2 餡の上に万能ねぎをのせる

3 左手の親指で餡を押さえながら、左手でひだを寄せる

⊕ 材料（16 個分）

◆ 生地
A ┌ 薄力粉 ……………………………… 80g
　└ ラード …………………………… 40g

B ┌ 砂糖 …………………………… 大さじ1強
　│ 塩 …………………………… 小さじ1弱
　│ ドライイースト ……………………… 大さじ1
　└ ぬるま湯 ……………………………… 210㎖

C ┌ 薄力粉 …………………………… 120g
　└ 強力粉 …………………………… 270g

D ┌ ベーキングパウダー ……………… 小さじ2
　└ ラード …………………………… 大さじ2⅔

◆ 餡
E ┌ 豚ばら薄切り肉（粗みじん切り）…… 150g
　└ 豚ロース薄切り肉（粗みじん切り）…… 150g

F ┌ 玉ねぎ（みじん切りにして片栗粉大さじ2を
　│ まぶす）………………………… 100g
　│ 万能ねぎ（小口切り）……………… 80g
　│ しょうが（みじん切り）……………… 10g
　└ 揚げにんにく ……………………… 5g
万能ねぎ（小口切り）………………… 80g

◆ 調味料
G ┌ 紹興酒 …………………………… 大さじ1⅔
　│ しょうゆ ………………………… 大さじ1強
　│ トマトケチャップ ………………… 小さじ1⅔
　└ 牡蠣油 …………………………… 大さじ1弱

H ┌ 黒粒こしょう …………………… 小さじ1強
　└ 一味唐辛子 ……………………… 小さじ½

I ┌ 胡麻油 …………………………… 大さじ1¼
　└ ねぎ油 …………………………… 大さじ1¼

◆ その他
溶き卵・胡麻（飾り用）………………… 適量

⊕ 作り方

◆ 生地を作る【 P92-93 参照 】
1 油酥を作る。A を混ぜてよく練り、16 等分にしておく。
2 B を合わせておく。C を合わせてふるい、310g と 80g にわけておく。
3 水油皮①を作る。2 の 310g の粉に D を加え、さらに B を加えて練る。
4 水油皮②を作る。2 の 80g の粉に熱湯 50㎖を加えて練る。
5 水油皮①と②と合わせる。3 と 4 を合わせて麺台に叩き付けながら滑らかになるまで練り、16 等分にしておく。
6 油酥と水油皮を合わせる。5 を1つ取り平らにのばし、1 を包んで1つにする。
7 6 を打ち粉をしながら麺棒でのばし、ロール状に巻いて三つ折りにする。
8 7 のきれいな面を上にして、麺棒を使って直径8cmにのばす。

◆ 餡を作る
1 ボウルに E と G を入れてしっかり練る。
2 1 に F を加えて練る。さらに H を加え、最後に I を加え、16 等分にしておく。

◆ 仕上げる
1 皮で餡を包み、溶き卵を塗って胡麻を付ける【下の写真・動画参照】。
2 オーブン230℃〜250℃で 12 〜 15 分、焼き色が付くまで焼く。

包み方動画

https://youtu.be/2uKEn99CpRs

【鳥籠形】

4 最後はしっかりとじて、とじ目を折り込む

5 とじ目を下にして、表面に溶き卵を塗る

6 しっかりと押し当てて、表面に胡麻を付ける

点心の定番つけだれ②

76ページに続いて、水餃子、焼き餃子、焼売、蒸し餃子、パオズなど、
どれにでも合う定番のつけだれをご紹介します。

▶ 三椒ソース

3つの香辛料、こしょう・花椒(山椒)・辣椒(唐辛子)が入っているソースです。材料を混ぜるだけでできます。

⊕ 材料

ねぎ(みじん切り)	牡蠣油 ……… 大さじ1
……… 大さじ2	黒粒こしょう …… 適量
黒酢 ……… 大さじ2	粉山椒 ………… 適量
しょうゆ …… 大さじ1	一味唐辛子 …… 適量
中華スープ … 大さじ3	

◀ チリソース

揚げワンタンにはかかせないのがチリソース。材料を混ぜたら、サラダ油を引いた鍋に入れ、かき混ぜてとろみがついたらできあがり。

⊕ 材料

豆板醤 ……… 小さじ½	しょうゆ ……… 大さじ½
砂糖 ……… 大さじ2⅓	酢 ………… 大さじ2
トマトケチャップ‥ 大さじ2	水 ………… 大さじ2
酒 ………… 大さじ½	水溶き片栗粉 … 小さじ1

▶ 柚子こしょうソース

材料を混ぜるだけでできます。ピータンや焼き豚、蒸し鶏などにもよく合います。

⊕ 材料

柚子こしょう‥ 大さじ½	しょうゆ …… 小さじ½
水 ………… 大さじ2	砂糖 ………… 小さじ⅔

◀ LPソース

市販品。世界中で利用されているリーペリンソース。いわゆるウスターソースです。スーパーやインターネットでも購入できます。

chapter 7

点心豆知識

点心とは

点心という言葉の意味

「点心」という言葉は、本来「ちょっと食べる」と意味で、唐の時代から使われ始め、宋の時代には、「ちょっとした食べ物」という名詞として広まっていったといわれています。つまり朝食、昼食、おやつ、夜食、デザートなど、さまざまな軽食を意味します。同じような意味の言葉に「小吃」や「小食」という言葉があります。これは、点心も含めたいわゆる軽食を意味していますが、点心にくらべると、多少庶民的なイメージがあります。

点心の種類

点心は、「ちょっとした食べ物」のことですから、いろいろな種類があります。大意では、焼きそばやラーメンのような麺類や、ちまきやお粥などのご飯類、杏仁豆腐やマンゴープリンのようなデザートなども含みます。この本では、点心の中でも、小麦粉を使ったものを中心にご紹介しましたが、小麦粉を使った点心だけでも実に多種多様です。

また、日常的に食べるものを「常期点心」というのに対し、季節性の強い点心を「四季点心」「節日点心」などと言います。

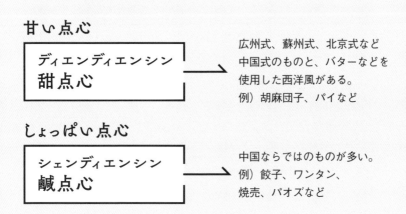

甘い点心

ディエンディエンシン
甜点心　→　広州式、蘇州式、北京式など
中国式のものと、バターなどを
使用した西洋風がある。
例）胡麻団子、パイなど

しょっぱい点心

シェンディエンシン
鹹点心　→　中国ならではのものが多い。
例）餃子、ワンタン、
焼売、パオズなど

点心とお茶

「飲茶」という言葉が、日本では浸透していますが、これはお茶を飲みながら点心を食べるスタイルの食事を指します。

点心の歴史を振り返ると、小麦が漢の時代に中国にもたらされ、唐の時代に、華北平原で盛んに栽培されるようになりました。都の長安（現・西安）では、商業も盛んで街がにぎわい、夜市で演劇や雑技などが行われ、酒楼や茶楼と呼ばれる飲食店も増え、パオズや餃子のようなものが食べられるようになったと言われています。

やがて、道教や仏教などの思想と結び付き、喫茶の習慣が中国全土に広まり、それにともなって、お茶請けとして点心も広がっていきました。

北から始まって南へと徐々に広がっていったため、各地方により、特色があります。諸説ありますが、大まかな特色は以下の通りです。

北方系	点心より小吃という言葉がよく使われる。優れた小麦粉料理が多い。
東方系	農産物・水産物が豊か。古くから栄えた都市でお茶の文化が発達した。
西方系	点心より小吃が一般的。四川の棒棒鶏など、特色ある小吃が多い。
南方系	香港を中心に西洋の影響を受けた点心が発達。種類の多さは髄一。

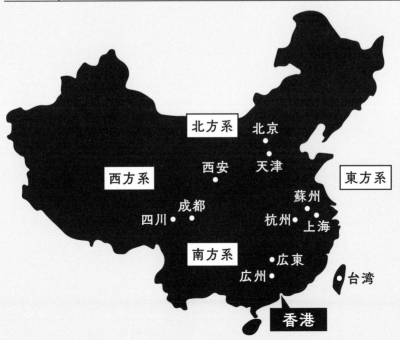

❖ 中国茶の基本 ❖

点心と中国茶の関係

「飲茶」という言葉があるように、点心とお茶は切っても切れない関係にあります。中国茶は世界中のお茶の最高峰とも言われ、その多種多様な香りや、味わいのふくよかさに加え、茶器のかわいらしさも魅力のひとつです。

道具の名称

茶罐（ちゃかん）
チャグァン
茶葉を保存する容器。陶器製などもあるが、金属製が主流

茶則（ちゃそく）
チャーツー
茶葉を茶缶から移すときに使用する。形も素材もさまざまで、趣向がこらされたものが多い

茶荷（ちゃか）
チャーフー
茶葉を鑑賞したり、取りわけたりするための道具

電壺（でんふう）
ディエンフー
電気ポット

茶杯（ちゃはい）
チャーペイ
茶を飲むための茶碗。ひと口で飲めるほどの小さなものが多い

聞香杯（もんこうはい）
ウェンシャンペイ
背の高い茶碗。茶の香りを楽しむためのもの

建水（けんすい）
チェンシェイ
湯を捨てるための容器

茶壺（ちゃふう）
チャーフゥ
急須。陶器や磁器、ガラス製のものなどさまざま

蓋椀（がいわん）
ガイワン
ふたの付いた茶碗。ふたを茶濾しにして茶杯に注いだり、そのまま飲むこともできる

茶海（ちゃかい）
チャーハイ
ピッチャーのようなもの。一度茶壺から茶海に注いで、濃さを均一にしてから茶杯に注ぐ

中国茶の淹れ方

1 電壺でお湯を沸かし、茶則を使って、茶罐から茶壺に茶葉を入れる

2 電壺から茶壺にお湯を注ぐ

3 一煎目は建水に捨てる

4 再び電壺から茶壺にお湯を注ぐ

4' 蓋碗の場合も同じようにお湯を入れ、ふたをする

ガラス製の茶壺

5 一度茶壺から茶海に注ぐ

5' 蓋碗の場合も同じように、蓋を少しずらして、茶海に注ぐ

6 茶海から聞香杯にお茶を注ぐ

7 聞香杯から茶杯にお茶を移す

8 聞香杯で香りを楽しみ、茶杯でお茶をいただく

美花（メイファー）花形

名前の通り、美しい花の形の包み方です。花びらを4枚作り、爪を使って自然なしわを寄せていきます。少し難易度は高いですが、できあがりはとてもきれいです。

包み方動画

https://youtu.be/vbyE7gxOIqQ

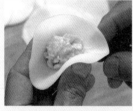

1 生地の中央に餡をのせる

2 二つ折りにするように、上下の生地を近付ける

3 二つ折りにした角を右手の人差指で押して折り、ひだを寄せる

4 左右から1枚ずつひだをとり、全部で4つのひだを作る

5 ぎゅっと力を入れて4枚のひだを、それぞれしっかり接着する

6 ひだをねじるように上を向け、右手の親指でしわを寄せていく

7 1枚終えたら、2枚めも同じようにねじってしわを寄せていく

8 4枚終えたら、全体を整える

9 できあがり

【花形】

Dim Sum Trivia

白菜餃（パイツァイヂャオ）白菜形

名前の通り、白菜の形を象っています。しわっとした白菜の葉を再現するため、爪を使って自然なしわを寄せていきます。指の基本的な動かし方は美花と同じです。

包み方動画
https://youtu.be/q7L-ua794Cw

1 緑の生地（P42参照）を2本用意し、真ん中に白い生地を挟む

2 3本をしっかり接着するため、ぎゅっと押しておく

3 麺台で転がすようにして、さらにしっかり接着する

4 作りたい個数に合わせて均等にカットする

5 断面を上にして麺台に置く

6 手で上から押さえて、生地をある程度平らにする

7 点心包丁などを使って生地をまるくのばす

8 生地の中央に餡をのせる

9 二つ折りにし、中心をつぶさないよう、端をぎゅっと接着する

10 両脇から中央へ、下から上へと、爪を使ってしわを寄せていく

11 全体にしわが寄ったら、形を整える

12 できあがり

【白菜形】

◆ Dim Sum Trivia ◆

市川 友茂　料理工房ICHIKAWAオーナーシェフ

1959年埼玉県生まれ。辻調理師専門学校を卒業後、同校
職員として24年勤務。香港の中国料理店で点心を学び、
2000年中国料理世界大会点心部門で、銀賞受賞。現在は
東松山市で料理工房ICHIKAWAのオーナーシェフをつとめ
る。自ら育てた野菜を使ったヘルシーな中国料理を供する
一軒家レストランで、日本全国からプロ・アマ問わずファ
ンが通う。NHK『きょうの料理』などテレビ出演多数。著
書に『点心とデザート』柴田書店など。

かん たん　き じ　つく
簡単・生地から作る

ほん　かく　てん　しん
本格点心

2021年10月26日　第1刷発行

著　者	いちかわともしげ 市川友茂
発行者	鈴木章一
発行所	株式会社 講談社 〒112-8001　東京都文京区音羽2-12-21 電話　03-5395-3606（販売）　03-5395-3615（業務）
編　集	株式会社講談社エディトリアル 代表　堺 公江 〒112-0013　東京都文京区音羽1-17-18 護国寺SIAビル6F 電話　03-5319-2171（編集部）
印刷	半七印刷株式会社
製本所	株式会社国宝社

KODANSHA